bubble bubble pong pong

갖고 싶고 선물하기 좋은
버블버블 퐁퐁
손뜨개 수세미

"KANTAN! KAGIBARIAMI OSOJI GA TANOSHIKUNARU! KAWAII TORI NO ECOTAWASHI 100"
Copyright © E & G Creates Co., Ltd. 2018
All rights reserved.
Original Japanese edition published by E & G Creates Co., Ltd.

This Korean edition published by arrangement with E & G Creates Co., Ltd., Tokyo
in care of Tuttle-Mori Agency, Inc., Tokyo, through Danny Hong Agency, Seoul.
Korean translation rights © 2021 by Health chosun Co., Ltd.

이 책의 한국어판 저작권은 대니홍 에이전시를 통한 저작권사와의 독점 계약으로 (주)헬스조선에 있습니다.
저작권법에 의해 한국 내에서 보호를 받는 저작물이므로 무단 전재와 복제를 금합니다.

×× 갖고 싶고 선물하기 좋은 ××

버블버블 퐁퐁
손뜨개 수세미

애플민트 지음 ― 남가영 옮김

비타북스

아크릴 실로 뜬 손뜨개 수세미 ○ p.8

Basic Guide ○ p.10
  도안 읽는 법 | 실과 바늘 잡기 | 첫 코 만들기 | 뜨개 시작하기
  사슬뜨기 보는 법 | 전 단 코 줍는 법 | 기본 뜨개
  감칠질로 편물 잇기 | 빼뜨기로 편물 잇기 | 자수의 기초

Basic Lesson ○ p.22
  배색뜨기 실 바꾸는 법 | 꼬리실을 편물에 통과시켜 오므리는 법

Point Lesson ○ p.25
  ❻~❾ 플라밍고 & 백조 수세미 머리 뜨는 법 및 연결하기
  ㉕, ㉖ 펭귄 가족 수세미 등판 1단 뜨는 법
  ㉜, ㉝ 햇병아리 수세미 몸통 8·9단 뜨는 법
  ㉕, ㉖ 키위 수세미 본체 앞판 3·4단 뜨는 법
  ㉙, ㉚ 공작새 수세미 날개 장식 뜨는 법
  ㉔~㉘ 올빼미 & 칡부엉이 수세미 본체 무늬 뜨는 법

\ 버블버블 퐁퐁 /
손뜨개 수세미

사랑앵무
>>>>><<<<<
p.34

플라밍고 & 백조
>>>>><<<<<
p.35

제비 & 비둘기
>>>>><<<<<
p.40

큰부리새 & 도도새
>>>>><<<<<
p.41

홍관조 & 왕관앵무
>>>>><<<<<
p.46

펭귄 가족
>>>>><<<<<
p.47

닭 & 청둥오리
>>>>><<<<<
p.54

배 & 갈매기
>>>>><<<<<
p.60

동박새 & 매화꽃
>>>>><<<<<
p.66

흰뺨검둥오리 가족
>>>>><<<<<
p.67

닭 & 병아리
>>>>><<<<<
p.74

햇병아리 & 달걀 프라이
>>>>><<<<<
p.75

펠리컨 & 물고기
>>>>><<<<<
p.80

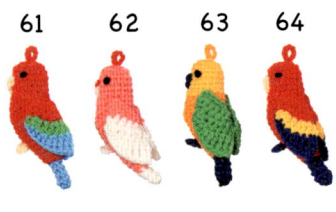

앵무새
>>>>><<<<<
p.81

키위 & 키위새
>>>>><<<<<
p.86

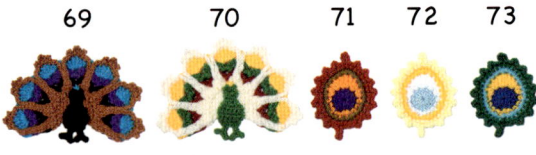

공작새 & 공작새 깃털
>>>>><<<<<
p.87

올빼미 & 칡부엉이
>>>>><<<<<
p.92

문조 & 참새
>>>>><<<<<
p.93

깃털
>>>>><<<<<
p.98

딱따구리 & 나무
>>>>><<<<<
p.99

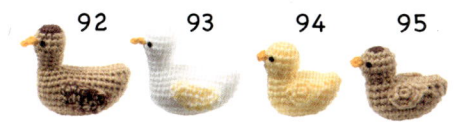

오리 가족 미니어처 먼지 청소 인형
>>>>><<<<<
p.104

손가락 인형 클리너
>>>>><<<<<
p.105

아크릴 실로 뜬 손뜨개 수세미

미지근한 물이나 찬물에 적셔서 문지르면 적은 양의 세제로도 때가 말끔히 빠져
손에 자극이 적고 경제적입니다. 아크릴 실은 정전기가 잘 생겨 먼지를 끌어들이므로 마른 상태에서
먼지를 청소할 수도 있습니다. 용도와 취향에 맞춰 다양한 종류의 수세미를 골라 만들어보세요.

평면·장갑형

납작한 평면형과 장갑처럼 손을 넣어서 사용할 수 있는 수세미는 설거지를 비롯해 욕조, 창문, 바닥까지 폭넓게 청소할 수 있습니다. 또한 물기가 금방 말라 자주 사용할 때 좋아요!

입체형

손에 쥐기 편한 형태로 주방이나 거실은 물론 물 쓰는 곳이라면 어디든 사용할 수 있는 만능 청소 도구입니다. 귀여운 인테리어 소품으로도 활용해보세요.

막대형

편리한 막대형 수세미는 컵, 설거지하기 힘든 긴 병, 직접 만지기 꺼려지는 장소의 물때 청소 등에 안성맞춤입니다. 마른 상태에서 먼지떨이로 사용해도 좋습니다.

미니어처

놓아두기만 해도 마음이 포근해지는 미니어처 수세미입니다. 스마트폰이나 태블릿PC 등의 단말기 액정 화면도 쓱싹쓱싹 말끔히 닦을 수 있어요.

관리법과 주의점

물청소용으로 사용한 후에는 깨끗이 손빨래합니다. 물기를 꼭 짠 후 햇볕이 잘 들고 통풍이 잘되는 곳에서 바싹 말리세요. 가끔 비누나 세탁 세제로 빨면 더 깨끗하게 오래 쓸 수 있습니다.

※ 염소계 표백제나 섬유 유연제는 세정 효과를 떨어뜨릴 수 있어요.
※ 화기 근처에 두거나 뜨거운 냄비, 프라이팬 등을 닦으면 실이 녹을 수 있으니 주의하세요.

이 책에서 사용한 실

※ 사진은 실물 크기

· 1~7번 모두 소재, 무게, 길이, 권장 코바늘 호수 순으로 소개합니다.
· 이 책에서 소개하는 브랜드가 아니라도 국내에서 판매하는 유사한 색상의 아크릴 실이나 원하는 수세미 실을 이용해 만들면 됩니다. 구입 시 실 라벨의 다양한 정보를 참고하십시오.

하마나카(주)

❶ **하마나카 피콜로** Hamanaka Piccollo
아크릴 100%, 25g/볼, 약 90m, 코바늘 4호

❷ **하마나카 러브 보니** Hamanaka Love bonny
아크릴 100%, 40g/볼, 약 70m, 코바늘 5호

❸ **하마나카 보니** Hamanaka Bonny
아크릴 100%, 50g/볼, 약 60m, 코바늘 7.5호

후지큐(주)

❹ **위스터 졸리 타임 II** Wister Jolly time II
아크릴 100%(항균 방취), 50g/볼, 약 88m, 코바늘 6호

❺ **위스터 컬러풀 메이트** Wister Colorful mate
아크릴 100%(항균 방취), 50g/볼, 약 60m, 코바늘 7호

요코타(주)·DARUMA

❻ **카페 키친** Café Kitchen
아크릴 100%(은 첨가물 배합), 25g/볼, 약 48m, 코바늘 7~8호

❼ **카페 키친 꽃바구니** Café Kitchen Multi Color
아크릴 100%(은 첨가물 배합), 25g/볼, 약 48m, 코바늘 7~8호

도안 읽는 법

도안은 모두 앞면이 드러나는 것을 기준으로 표시합니다. 뜨개 방향이 매 단 바뀌어 앞면과 뒷면을 번갈아 뜨게 되는 평면뜨기도 앞면과 뒷면이 구별되지는 않지만(걸어뜨기 제외), 기호 표시 방법은 같습니다.

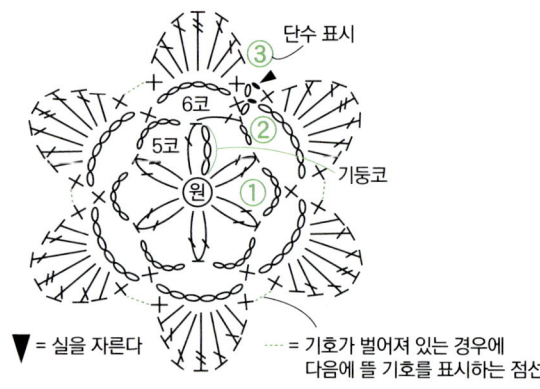

중심에서부터 원형으로 뜰 때

중심에 원(또는 사슬)을 만들어 1단씩 원을 그리듯이 뜹니다(원형뜨기 p.12 참고). 각 단은 시작할 때 기둥코을 세운 후 뜨며, 기본적으로 앞면을 보고 도안은 왼쪽에서 오른쪽으로 읽으면서 뜨세요.

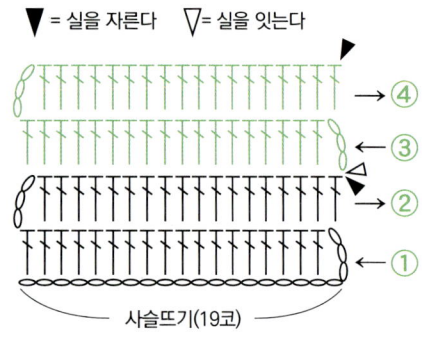

평면뜨기 할 때

왼쪽과 오른쪽에 기둥코를 세우는 것이 특징으로 오른쪽에 기둥코가 있을 때는 앞면이 드러나고, 도안을 오른쪽에서 왼쪽으로 읽으면서 뜨면 됩니다. 왼쪽에 기둥코가 있을 때는 뒷면이 드러나며 도안을 왼쪽에서 오른쪽으로 읽으며 뜹니다. 왼쪽 그림은 3단에서 배색실을 바꾸는 도안입니다.

실과 바늘 잡기

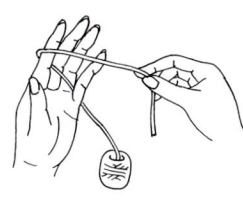

1 실을 왼손 새끼손가락과 약손가락 사이로 빼서 집게손가락에 걸고 실 끝(꼬리실*)을 앞으로 가져온다.

★꼬리실 : 뜨개를 시작할 때 남겨 두는 실 또는 마지막 단까지 뜬 후 길게 남긴 실

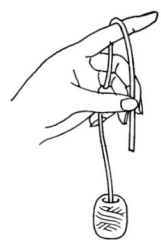

2 엄지손가락과 가운뎃손가락으로 실을 잡고 집게손가락을 세워서 실이 팽팽해지도록 한다.

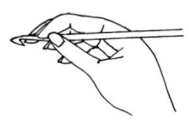

3 바늘은 엄지손가락과 집게손가락으로 잡고, 바늘에 가운뎃손가락을 가볍게 댄다.

첫 코 만들기

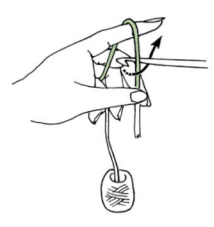

1 바늘을 실 뒤에 대고 화살표처럼 돌린다.

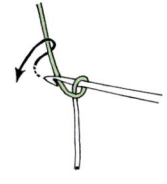

2 다시 바늘에 실을 건다.

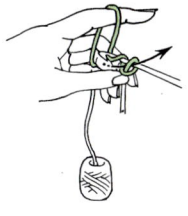

3 바늘에 걸린 실을 고리 안으로 통과시켜 앞으로 뺀다.

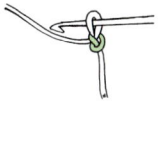

4 꼬리실을 당겨 코를 조이면 첫 코가 완성된다 (이 코는 1코로 세지 않음).

뜨개 시작하기

 **중심에서 원형뜨기(실로 원을 만든다 = 매직링)**

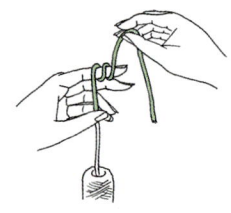
1 왼손 검지에 실을 2번 감아 원을 만든다.

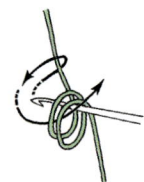
2 손가락에서 원을 빼 고리를 잡은 후 원 가운데 바늘을 넣는다. 화살표처럼 바늘에 실을 걸어 앞으로 뺀다.

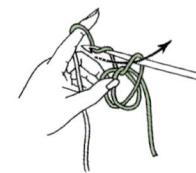
3 다시 바늘에 실을 걸어서 고리 안으로 통과시켜 기둥코 사슬뜨기 1코를 만든다.

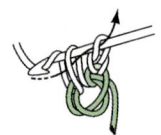
4 1단은 원 중심에 바늘을 넣어 필요한 콧수만큼 짧은뜨기 한다.

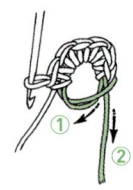
5 잠시 바늘을 빼, 처음에 원을 만든 실 ①과 꼬리실 ②를 당겨 원을 조인다.

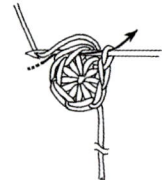
6 1단 마무리는 첫 짧은뜨기 코머리에 바늘을 넣고 실을 걸어 빼뜨기 한다.

 **사슬로 원을 만들어 원형뜨기(체인링)**

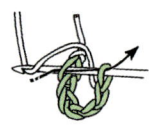
1 사슬을 뜬 후 첫 사슬 반코에 바늘을 넣어 빼뜨기 한다.

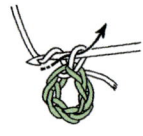
2 바늘에 실을 걸어 고리 안으로 실을 빼면 기둥코가 된다.

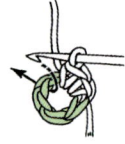
3 1단은 원 중심에 바늘을 넣어 사슬을 다발로 묶어 짧은뜨기 한다.

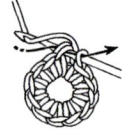
4 1단 마무리는 첫 짧은뜨기 코머리에 바늘을 넣고 실을 걸어 빼뜨기 한다.

평면뜨기

1 사슬과 기둥코 사슬을 뜬 후 끝에서 2번째 사슬에 바늘을 넣고 실을 걸어 뺀다.

2 바늘에 실을 걸어 화살표처럼 실을 뺀다.

3 1단 완성(기둥코 사슬 1코는 1코로 세지 않음).

사슬뜨기 보는 법

앞면

뒷면

사슬산

사슬뜨기는 앞면과 뒷면이 생겨요. 뒷면 가운데에 한 가닥 볼록 나와 있는 곳을 사슬의 '산'이라고 부릅니다.

전 단 코 줍는 법

 전단 코에 바늘을 끼워 한길긴뜨기 2코 구슬뜨기

 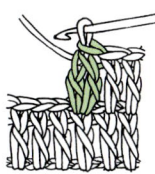

 사슬뜨기 코 아래에 바늘을 끼워 한길긴뜨기 2코 구슬뜨기

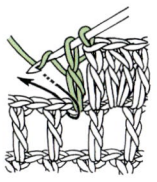 

같은 구슬뜨기도 기호에 따라 코 끼우는 법이 달라요. 기호 아래가 닫혀 있으면 전 단 코에 바늘을 넣어 뜨고, 기호 아래가 열려 있으면 전 단 사슬 아래에 바늘을 넣어 뜨면 됩니다.

기본 뜨개

○ 사슬뜨기

 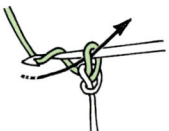 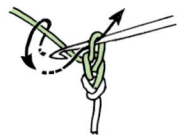 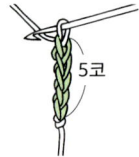

1 첫 코를 만들어 바늘에 실을 건다.
2 실을 빼서 사슬코를 완성한다.
3 같은 방법으로 반복해서 5코 뜬다.
4 사슬뜨기 5코 완성.

● 빼뜨기

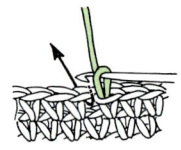 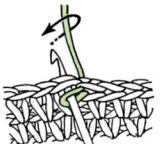 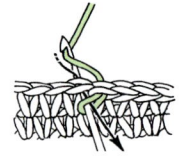 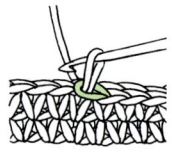

1 전 단 코에 바늘을 넣는다.
2 실을 건다.
3 실을 한 번에 뺀다.
4 빼뜨기 완성.

× 짧은뜨기

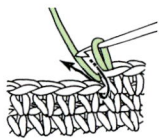 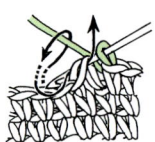 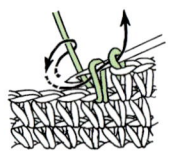 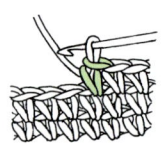

1 전 단 코에 바늘을 넣는다.
2 실을 걸어 뺀다(이 상태를 **미완성 짧은뜨기**라고 한다).
3 다시 바늘에 실을 걸어 고리 2개를 한 번에 뺀다.
4 짧은뜨기 1코 완성.

⊤ 긴뜨기

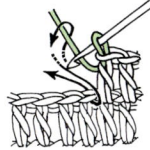 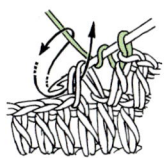 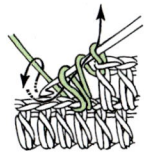 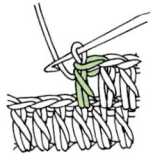

1 바늘에 실을 1회 감아 전 단 코에 바늘을 넣는다.

2 바늘에 실을 걸어 뺀다 (이 상태를 **미완성 긴뜨기**라고 한다).

3 다시 바늘에 실을 걸어 고리 3개를 한 번에 뺀다.

4 긴뜨기 1코 완성.

⊤ 한길긴뜨기

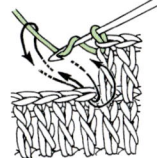 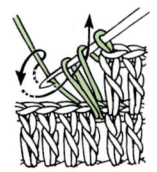 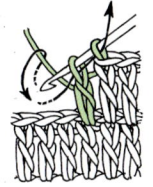 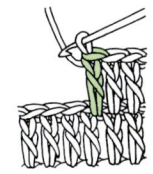

1 바늘에 실을 1회 감아 전 단 코에 바늘을 넣고 실을 걸어 뺀다.

2 화살표처럼 바늘에 실을 걸어 고리 2개만 뺀다(이 상태를 **미완성 한길긴뜨기**라고 한다).

3 다시 바늘에 실을 걸어 남은 고리 2개를 뺀다.

4 한길긴뜨기 1코 완성.

⊤ 두길긴뜨기

 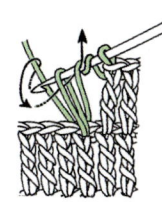 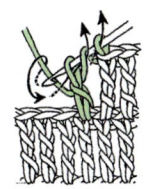 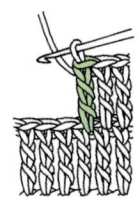

1 바늘에 실을 2회 감아 전 단 코에 바늘을 넣고 실을 걸어 뺀다.

2 화살표처럼 바늘에 실을 걸어 고리 2개만 뺀다.

3 같은 과정을 2번 반복한다(2번 중에서 1번이 끝난 상태를 **미완성 두길긴뜨기**라고 한다).

4 두길긴뜨기 1코 완성.

짧은뜨기 2코 늘리기   **짧은뜨기 3코 늘리기**

1 짧은뜨기로 1코를 뜬다.

2 같은 코에 바늘을 넣고 짧은뜨기 한다.

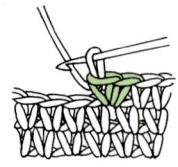
3 짧은뜨기 2코 늘리기 완성. 같은 코에 한 번 더 짧은뜨기 한다.

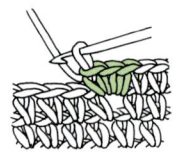
4 짧은뜨기 3코 늘리기 완성. 전 단보다 2코 늘었다.

 짧은뜨기 2코 모아뜨기

1 전 단 코에 바늘을 넣고 실을 걸어 빼내 고리를 뺀다.

2 다음 코에서도 같은 방법으로 고리를 뺀다.

3 바늘에 실을 걸어 화살표처럼 고리 3개를 한 번에 뺀다.

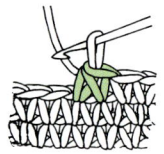
4 짧은뜨기 2코 모아뜨기 완성. 전 단보다 1코 줄었다.

한길긴뜨기 2코 늘리기

※ 한길긴뜨기 외에도, 2코 이상 늘릴 때도 같은 방법으로 기호에 해당하는 뜨기를 지정 콧수만큼 뜬다.

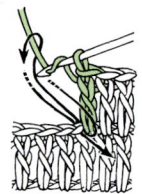
1 한길긴뜨기 1코 뜬 후 바늘에 실을 1회 감아 같은 코에 넣고 실을 걸어 뺀다.

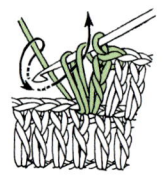
2 바늘에 실을 걸어 고리 2개만 뺀다.

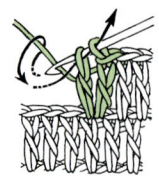
3 다시 바늘에 실을 걸어 남은 고리 2개를 뺀다.

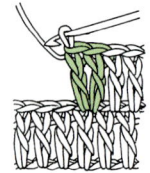
4 1코에 한길긴뜨기 2코 뜬 모습. 1코가 늘었다.

한길긴뜨기 2코 모아뜨기

※ 한길긴뜨기 외에도, 2코 이상 늘릴 때도 같은 방법으로 미완성한 지정 기호를 정해진 콧수만큼 뜨고 바늘에 실을 걸어 고리를 한 번에 뺀다.

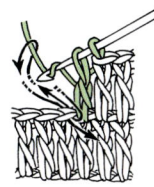 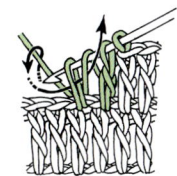 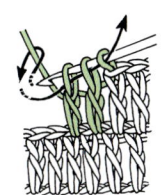 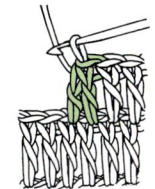

1 전 단 1코에 미완성 한길긴뜨기(p.15 참고) 1코를 만든다. 바늘에 실을 걸어 다음 코에 바늘을 넣고 실을 걸어 뺀다.

2 바늘에 실을 걸어 고리 2개만 빼서 두 번째 미완성 한길긴뜨기를 한다.

3 바늘에 실을 걸어 고리 3개를 한 번에 뺀다.

4 한길긴뜨기 2코 모아뜨기 완성. 전 단보다 1코가 줄었다.

사슬 3코 빼뜨기 피코뜨기

※ 사슬코가 3코 이상일 때도 과정 ①에서 정해진 수만큼 뜨고 동일하게 빼뜨기한다.

1 사슬뜨기 3코를 뜬다.

2 짧은뜨기의 코머리 반 코와 앞쪽 코다리 한 가닥에 바늘을 넣는다.

3 바늘에 실을 걸어 화살표처럼 한 번에 빼낸다.

4 사슬 3코 빼뜨기 피코뜨기 완성.

한길긴뜨기 3코 구슬뜨기

※ 한길긴뜨기 외에도, 3코 이상일 때도 같은 방법으로 미완성한 지정 기호를 정해진 콧수만큼 뜨고 과정 ③처럼 고리를 한 번에 뺀다.

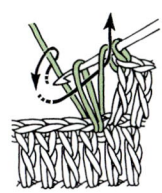 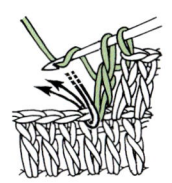 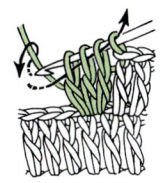 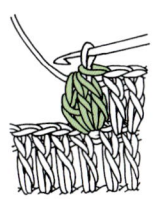

1 전 단 코에 미완성 한길긴뜨기(p.15 참고) 1코를 뜬다.

2 같은 코에 바늘을 넣어 미완성 한길긴뜨기를 2번 한다.

3 바늘에 실을 걸어 바늘에 걸려 있는 고리 4개를 한 번에 뺀다.

4 한길긴뜨기 3코 구슬뜨기 완성.

╳ 짧은뜨기 이랑뜨기(원형뜨기 시)

※ 짧은뜨기 외 이랑뜨기 기호도 같은 방법으로 전 단의 뒤 반 코를 주워 지정된 기호로 뜬다.

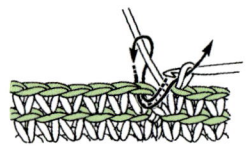 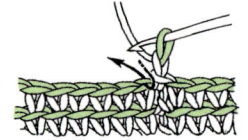 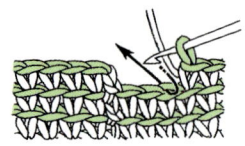 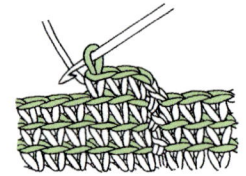

1. 각 단의 앞면이 보이도록 뜬다. 짧은뜨기 1단을 뜨고 첫 코에 빼뜨기 한다.
2. 기둥코로 사슬뜨기를 1코 뜬 다음에 전 단 뒤 반 코를 주워 짧은뜨기 한다.
3. 과정 ②를 반복하며 짧은뜨기를 한다.
4. 앞 반 코가 이랑처럼 남아 무늬를 만든다. 짧은뜨기 이랑뜨기 3단 뜨는 모습.

╳ 짧은뜨기 이랑뜨기(평면뜨기 시)

※ 짧은뜨기 외 이랑뜨기 기호도 같은 방법으로 전 단의 뒤 반 코를 주워 지정된 기호로 뜬다.

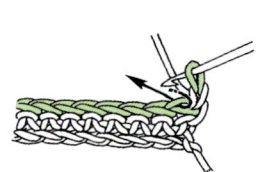 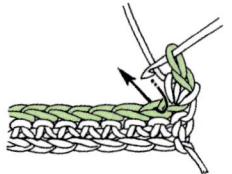 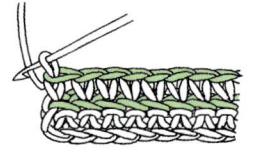 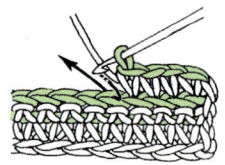

1. 전 단의 뒤 반 코에 화살표처럼 바늘을 넣는다.
2. 짧은뜨기를 하고 다음 코도 같은 방법으로 뒤 반 코에 바늘을 넣는다.
3. 끝까지 뜨면 뜨개 방향을 바꾼다.
4. 과정 ①·②와 마찬가지로 뒤 반 코에 바늘을 넣어 짧은뜨기 이랑뜨기를 한다.

한길긴뜨기 앞걸어뜨기

※ 한길긴뜨기 이외의 기호도 같은 방법으로 과정 ①의 화살표처럼 바늘을 넣어 지정된 뜨기를 한다.
※ 평면뜨기에서 뒷면을 보고 뜰 때는 뒤걸어뜨기를 한다.

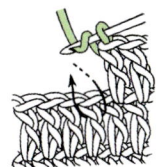

1 바늘에 실을 1회 감은 후 전 단 한길긴뜨기 코 다리 앞쪽에 바늘을 끼운다.

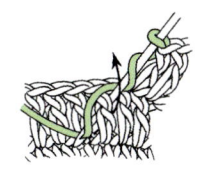

2 바늘에 실을 걸어 실을 조금 길게 뺀다.

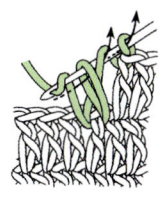

3 다시 바늘에 실을 걸어 고리 2개만 뺀다. 같은 과정을 1회 반복한다.

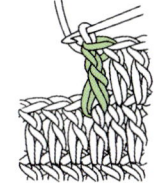

4 한길긴뜨기 앞걸어뜨기 1코 완성.

한길긴뜨기 뒤걸어뜨기

※ 한길긴뜨기 이외의 기호도 같은 방법으로 과정 ①의 화살표처럼 바늘을 넣어 지정된 뜨기를 한다.
※ 평면뜨기에서 뒷면을 보고 뜰 때는 앞걸어뜨기를 한다.

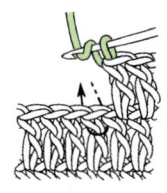

1 바늘에 실을 1회 감은 후 화살표처럼 전 단의 코다리 뒤에서 넣어 끼운다.

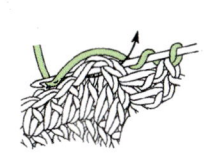

2 바늘에 실을 걸어 편물 뒤쪽으로 뺀다.

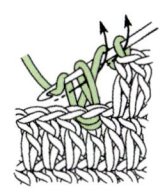

3 실을 조금 길게 빼서 다시 바늘에 실을 걸어 고리 2개만 뺀다. 같은 과정을 1회 반복한다.

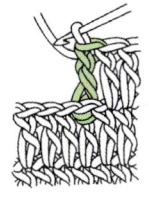

4 한길긴뜨기 뒤걸어뜨기 1코 완성.

감침질로 편물 잇기(돗바늘 사용)

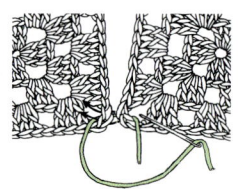 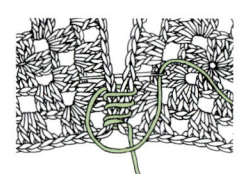  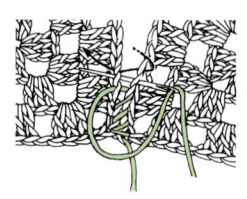

1 편물의 앞면을 나란히 맞대고 돗바늘*로 코머리 2가닥을 주워 실을 당긴다. 감침질 시작과 마지막 코는 2번 감침질한다.

★**돗바늘** : 보통 바늘보다 굵고 귀가 큰 바늘. 뜨개를 잇거나 수놓을 때 사용한다.

2 1코씩 주워서 감침질한다.

3 마지막 코까지 감침질한 모습.

반 코 주워 감침질하는 법
편물의 앞면을 나란히 맞대고 바깥쪽 반 코(코머리 1가닥)를 끼워 실을 잡아당긴다. 시작과 마지막 코는 2번 감침질한다.

빼뜨기로 편물 잇기(코바늘 사용)

 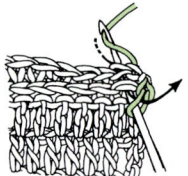 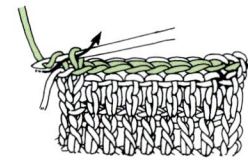

1 2장의 편물을 앞면끼리(또는 뒷면끼리) 겹친다. 두 장의 끝 코에 코바늘을 넣어 실을 걸어 뺀 후 다시 바늘에 실을 걸어 빼뜨기 한다.

2 다음 코에 바늘을 넣고 바늘에 실을 걸어 빼뜨기 한다. 이 과정을 반복해 1코씩 빼뜨기로 잇는다.

3 마지막에는 바늘에 실을 걸어 빼뜨기 한 후 실을 자른다.

자수의 기초

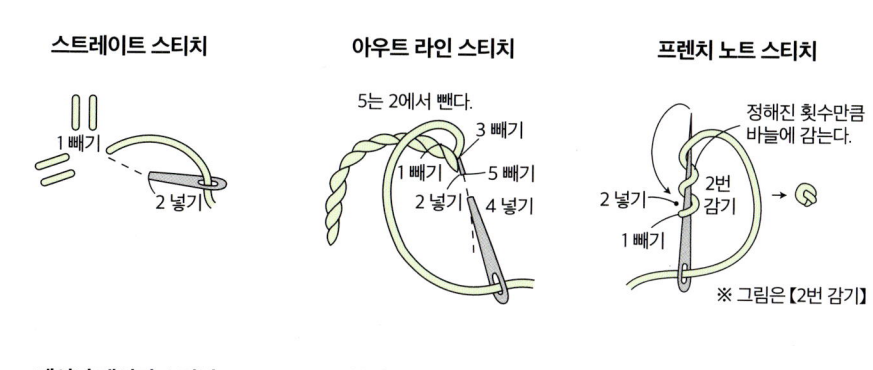

스트레이트 스티치　　아우트 라인 스티치　　프렌치 노트 스티치

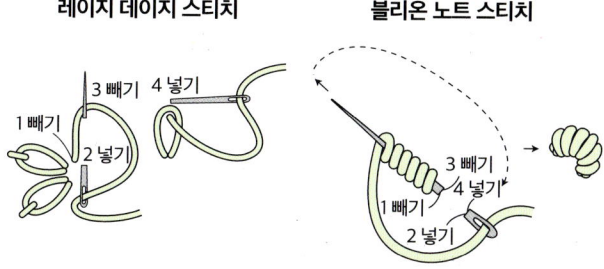

레이지 데이지 스티치　　블리온 노트 스티치

배색뜨기 실 바꾸는 법(쉬고 있는 실 감싸며 뜨기)

·3단 **한길긴뜨기 배색뜨기**

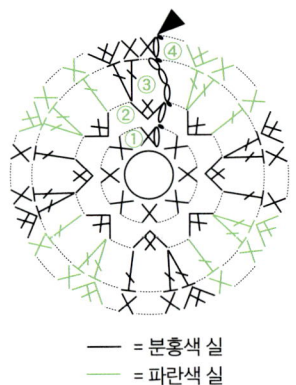

― = 분홍색 실
― = 파란색 실

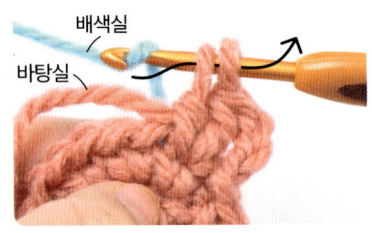

1 3단은 실을 바꿔가면서 한길긴뜨기 한다. 먼저 바탕실(분홍색)로 한길긴뜨기 2코를 뜨고 3번째 코는 미완성 한길긴뜨기(p.15 참고)를 한 후 바늘에 배색실(파란색)을 걸어서 화살표 방향으로 뺀다.

2 배색실을 빼내면 뜨는 실이 배색실로 바뀐다.

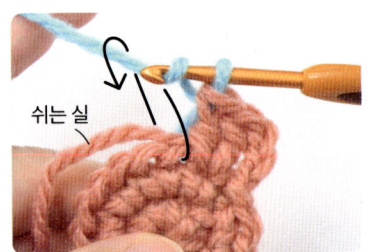

3 다음 코부터 사용하지 않는 실(쉬는 실)을 화살표처럼 감싸며 배색실로 2코 뜬다.

4 6번째 코는 배색실로 미완성 한길긴뜨기 하고 바늘에 바탕실을 감아 화살표 방향으로 뺀다.

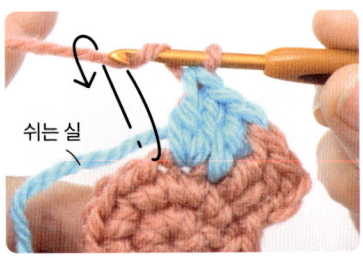

5 뜨는 실이 바탕실로 바뀐다. 이렇게 쉬는 실을 감싸며 뜨다가 색을 바꾸고자 하는 첫 코 바로 전 코에서 새로 연결할 실로 바꿔가면서 뜬다.

· **3단 마무리**

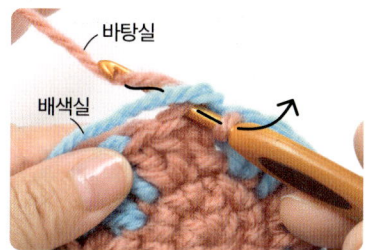  

6 3단 마지막 코에서 다음 단의 첫 코 실로 뜨는 실을 바꾼다. 3단의 마지막 빼뜨기는 3단 첫 코에 바늘을 넣어서 코바늘에 쉬는 실인 배색실을 걸치고, 바늘 코에 다음 단의 첫 코 실인 바탕실을 감아서 뺀다.

7 실을 뺀 모습. 배색실도 다음 단으로 같이 끌어올렸다.

8 3단 완성.

· **4단 짧은뜨기 배색뜨기**

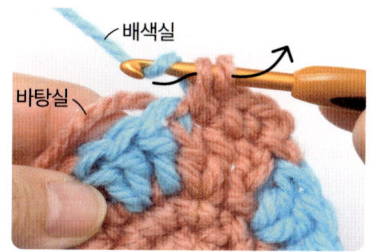 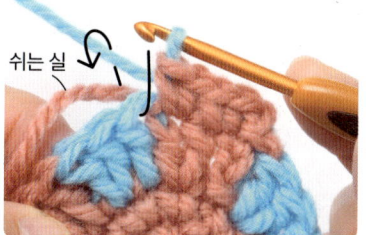 

9 4단은 실을 바꿔가며 짧은뜨기 한다. 먼저 바탕실(분홍색)로 3코 뜨고 4번째 코는 미완성 짧은뜨기(p.14 참고) 한 후 바늘에 배색실(파란색)을 감아 뺀다.

10 실이 배색실로 바뀐다. 다음 코부터 사용하지 않는 실(쉬는 실)을 화살표처럼 감싸면서 배색실로 3코 뜬다.

11 8번째 코는 배색실로 미완성 짧은뜨기 한 후 바늘에 바탕실을 감아 화살표 방향으로 뺀다.

12 실이 바탕실로 바뀐다. 같은 과정으로 쉬는 실을 감싸며 뜨다가 색을 바꾸는 첫 코 바로 전 코에서 이제부터 뜰 실로 뜨는 실을 교체하면서 뜬다.

13 4단이 완성된 모습.

꼬리실을 편물에 통과시켜 오므리는 법

1 마지막 단까지 뜨면 꼬리실을 길게 남겨서 자른다.

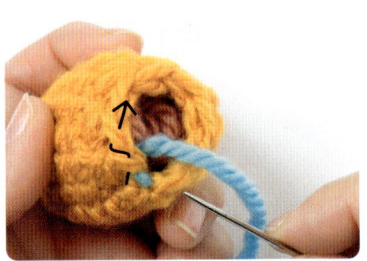

2 돗바늘에 꼬리실을 끼워서 화살표처럼 마지막 단의 바깥쪽 반 코를 한 코씩 주워서 마지막 단 모든 코를 통과한다.

3 바깥쪽 반 코를 하나씩 주워서 통과시킨 모습.

4 실이 모든 코를 통과하면 꼬리실을 잡아당긴다.

5 실을 잡아당기면 마지막 단이 오므라든다.

6 남은 꼬리실은 오므린 구멍 사이로 바늘을 통과시켜 구멍에서 조금 떨어진 다른 코로 빼낸 후 자른다.

6~9 플라밍고 & 백조 수세미 머리 뜨는 법 및 연결하기(p.39)

머리 뜨는 법

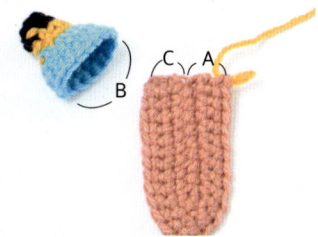

1 얼굴과 목을 각각 뜬다.

2 머리 1단은 목 뜨기가 끝나면 이어서 과정 ① 사진을 참고해 목 A → 얼굴 B → 목 C 순으로 코를 주워서 연결한다.

3 먼저 목 A에서 코를 주워 짧은뜨기 3코를 한 후 화살표처럼 얼굴 B에서 코를 주워 짧은뜨기 한다.

4 얼굴 B에서 코를 주워 짧은뜨기 1코 완성.

5 계속해서 얼굴 B에 코를 주워 짧은뜨기 한다.

6 얼굴 B에서 짧은뜨기 16코를 뜬 후 화살표처럼 목 C에 코를 주워 짧은뜨기 3코 뜬다.

7 목 C에서 짧은뜨기 3코가 끝나면, 1단 첫 코의 짧은뜨기에서 빼뜨기 해 원을 만든다.

8 머리를 마지막 단까지 뜬 후 꼬리실을 마지막 단에 통과시켜 오므린다 (p.24 참고).

9 남은 실을 잡아당겨 머리를 완성한다.

연결해 완성하기

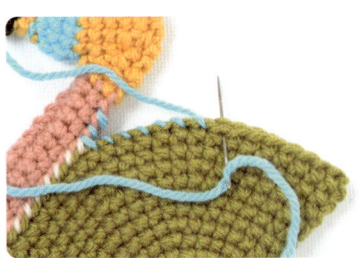

10 몸통과 목을 맞대고 감침질해 (p.20 참고) 연결한다.

11 몸통과 목이 연결되면 목과 몸통의 남은 부분을 감침질로 잇는다.

12 파트를 연결해 완성한다.

25, 26 펭귄 가족 수세미 등판 1단 뜨는 법(p.50)

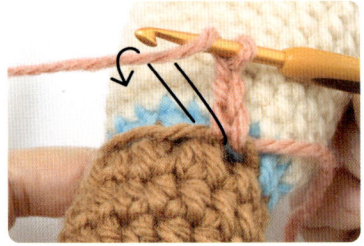

1 본체의 머리가 아래, 몸통이 위로 오게 잡고 본체 11단에 남아 있는 앞 반 코를 주워서 등판 뜰 실을 잇는다.

2 기둥코 3코를 사슬뜨기 한 후 실을 이은 같은 앞 반 코에 바늘을 끼워 한길긴뜨기 2코 뜬다.

3 한길긴뜨기 2코 뜬 모습. 같은 방법으로 본체 11단에 남아 있는 앞 반 코를 주워서 한길긴뜨기를 한다.

4 등판의 1단 완성.

52, 53 햇병아리 수세미 몸통 8·9단 뜨는 법(p.78)

·8단

1 몸통 8단의 6번째 코까지 짧은뜨기 한 후 사슬뜨기 8코 뜬다.

2 사슬산에 바늘을 끼워 도안대로 날개를 뜨고 마지막 빼뜨기는 6번째 짧은뜨기의 코를 주워서 뜬다.

3 이어 7번째 코에 바늘을 끼워 짧은뜨기를 12코 뜬다. 사진은 짧은뜨기 3코 뜬 모습.

4 짧은뜨기 12코를 뜬 후 과정 ①, ② 와 같은 방법으로 사슬뜨기 8코를 떠서 날개를 하나 더 만든다.

5 날개를 다 뜨면 짧은뜨기 6코를 뜬 후 짧은뜨기 첫 코에서 빼뜨기 한다. 8단 완성.

·9단

6 9단은 짧은뜨기 5코를 뜬 후 8단 날개 사슬 시작 코에 바늘을 끼워서 빼뜨기 7코를 뜬다.

7 빼뜨기 7코 → 사슬뜨기 2코를 뜬 후 반대쪽 코머리에 바늘을 끼워서 빼뜨기 7코를 뜬다.

8 빼뜨기 7코가 끝나면 8단의 6번째 코를 건너뛰고 7번째 코에 바늘을 끼워 짧은뜨기 1코를 뜬다.

9 7번째 코 짧은뜨기한 모습. 이어서 짧은뜨기 10코 뜬다.

10 짧은뜨기로 10코 뜨고 다른 한쪽 날개도 과정 ⑥, ⑦과 동일하게 빼뜨기와 사슬뜨기 한 후 18번째 코를 건너뛰고 19번째 코에 바늘을 끼워 짧은뜨기 한다.

11 19번째 코에 짧은뜨기를 한 모습. 계속해서 9단 마지막까지 뜬다.

12 9단 마지막 코까지 뜬 모습.

65, 66 키위 수세미 본체 앞판 3·4단 뜨는 법(p.88)

·3단

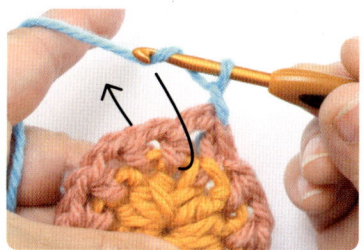

1 3단에 기둥코 1코 뜬 후 2번째 코는 2단을 감싸듯이 1단의 긴뜨기를 주워 한길긴뜨기 한다.

2 한길긴뜨기 1코 뜬 모습. 같은 방법으로 3단은 1단의 긴뜨기를 주워서 뜬다.

3 3단을 다 뜬 모습.

·4단

4 4단은 기둥코 사슬뜨기 1코 → 짧은뜨기 1코를 뜬 후 화살표처럼 3단을 감싸듯 2단 사슬 아래에 바늘을 넣어 긴뜨기 2코를 뜬다.

5 긴뜨기 2코 뜬 모습. 4단은 동일하게 3단을 감싸면서 2단의 사슬 아래에 바늘을 넣어 코를 주워 긴뜨기 한다.

6 4단 완성.

69, 70 공작새 수세미 날개 장식 뜨는 법(p.90)

1 날개 끝에 실을 이어 **빼뜨기** 1코 → 사슬뜨기 2코 한 후 날개 5단 사슬 아래에 바늘을 넣는다.

2 코바늘에 실을 걸어서 뺀다.

3 빼뜨기 한 모습. 동일하게 사슬뜨기 2코를 뜬 후 날개 사슬 아래에 바늘을 넣어 코를 주워 빼뜨기 하고, 마지막은 한길긴뜨기에 빼뜨기 한다.

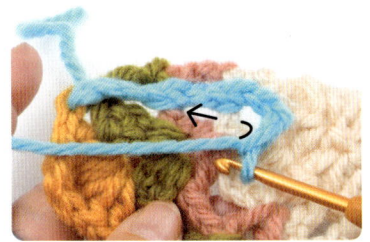

4 끝에 도착하면 사슬뜨기 2코를 하고 화살표처럼 앞에 뜬 모양과 같이 사슬 아래에 바늘을 넣어 코를 주워 빼뜨기 한다.

5 빼뜨기 한 모습.

6 같은 방법으로 가장자리까지 뜬다.

7 짧은뜨기와 피코뜨기 한 후 과정 ①~⑥을 반복한다.

74~78 올빼미 & 칡부엉이 수세미 본체 무늬 뜨는 법

·2단

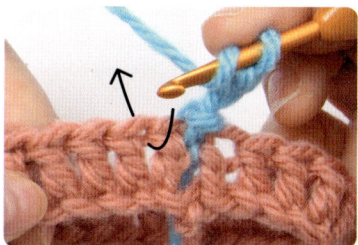 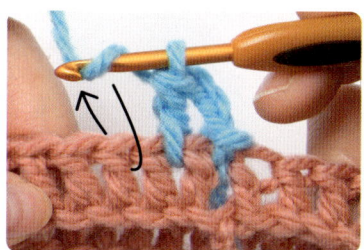 

1 2단은 기둥코 사슬뜨기 3코 뜨고 1단의 한길긴뜨기와 한길긴뜨기 사이에 화살표처럼 바늘을 넣어 코를 주워 한길긴뜨기 한다.

2 한길긴뜨기 1코 뜬 모습. 동일하게 한길긴뜨기와 한길긴뜨기 사이에 바늘을 넣어 코를 주워 2단을 뜬다.

3 2단 완성. 나머지 단도 동일하게 무늬를 뜬다.

설거지가 즐거워지는 귀여운 새 모양 수세미 100가지를 소개합니다.

선물하기 좋고 인테리어 소품으로도 활용하기 좋은

나만의 손뜨개 수세미로 집안을 반짝반짝 빛내보세요!

사랑앵무

Design & Making··· 마쓰모토 가오루

초롱초롱한 눈망울의 사랑앵무예요.
알록달록한 색상으로 주방이 순식간에 아기자기해졌네요.

플라밍고 & 백조

Design & Making… 마쓰모토 가오루

플라밍고와 백조 수세미는 색과 고리 위치만 바꾸면 돼요.
생기발랄한 플라밍고와 우아한 백조!
여러분은 어느 쪽이 더 좋으세요?

1·2·3·4·5 사랑앵무

◆ **사용 실(색상 번호)** 후지큐 위스터 졸리 타임Ⅱ
1 하늘색(11)…13g, 오프화이트(2)…5g, 파란색(9)…3g, 검은색(10)·노란색(30)·분홍색(31)…조금씩
2 분홍색(31)…13g, 오프화이트(2)…5g, 연분홍색(13)…3g, 검은색(10)·노란색(30)…조금씩
3 연한 파란색(23)…13g, 크림색(3)…7g, 검은색(10)·노란색(30)·분홍색(31)…조금씩
4 레몬색(4)…13g, 크림색(3)…5g, 노란색(30)…3g, 검은색(10)·분홍색(31)…조금씩
5 연두색(25)…13g, 크림색(3)…5g, 초록색(8)…3g, 검은색(10)·노란색(30)·분홍색(31)…조금씩

◆ **코바늘** 6호
◆ **완성 크기(가로×세로)** 10.5 × 12.5cm

배색 표

	1	2	3	4	5
날개	파란색	연분홍색	크림색	노란색	초록색
몸통	하늘색	분홍색	연한 파란색	레몬색	연두색
머리	오프화이트	오프화이트	크림색	크림색	크림색

머리 콧수

단수	콧수	콧수 증감
9	24	+6
5~8	18	
4	18	+3
3	15	+3
2	12	+6
1	6	

부리

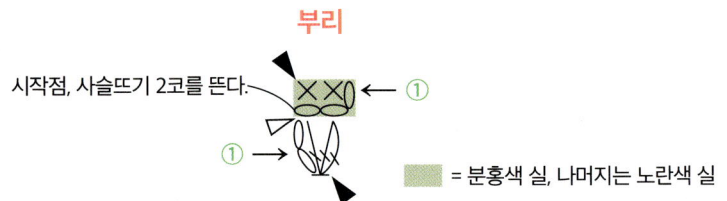

시작점, 사슬뜨기 2코를 뜬다.

■ = 분홍색 실, 나머지는 노란색 실

완성하기

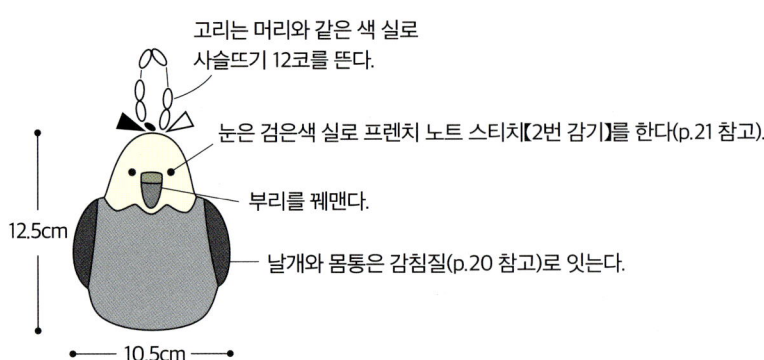

고리는 머리와 같은 색 실로 사슬뜨기 12코를 뜬다.
눈은 검은색 실로 프렌치 노트 스티치【2번 감기】를 한다(p.21 참고).
부리를 꿰맨다.
날개와 몸통은 감침질(p.20 참고)로 잇는다.

12.5cm
10.5cm

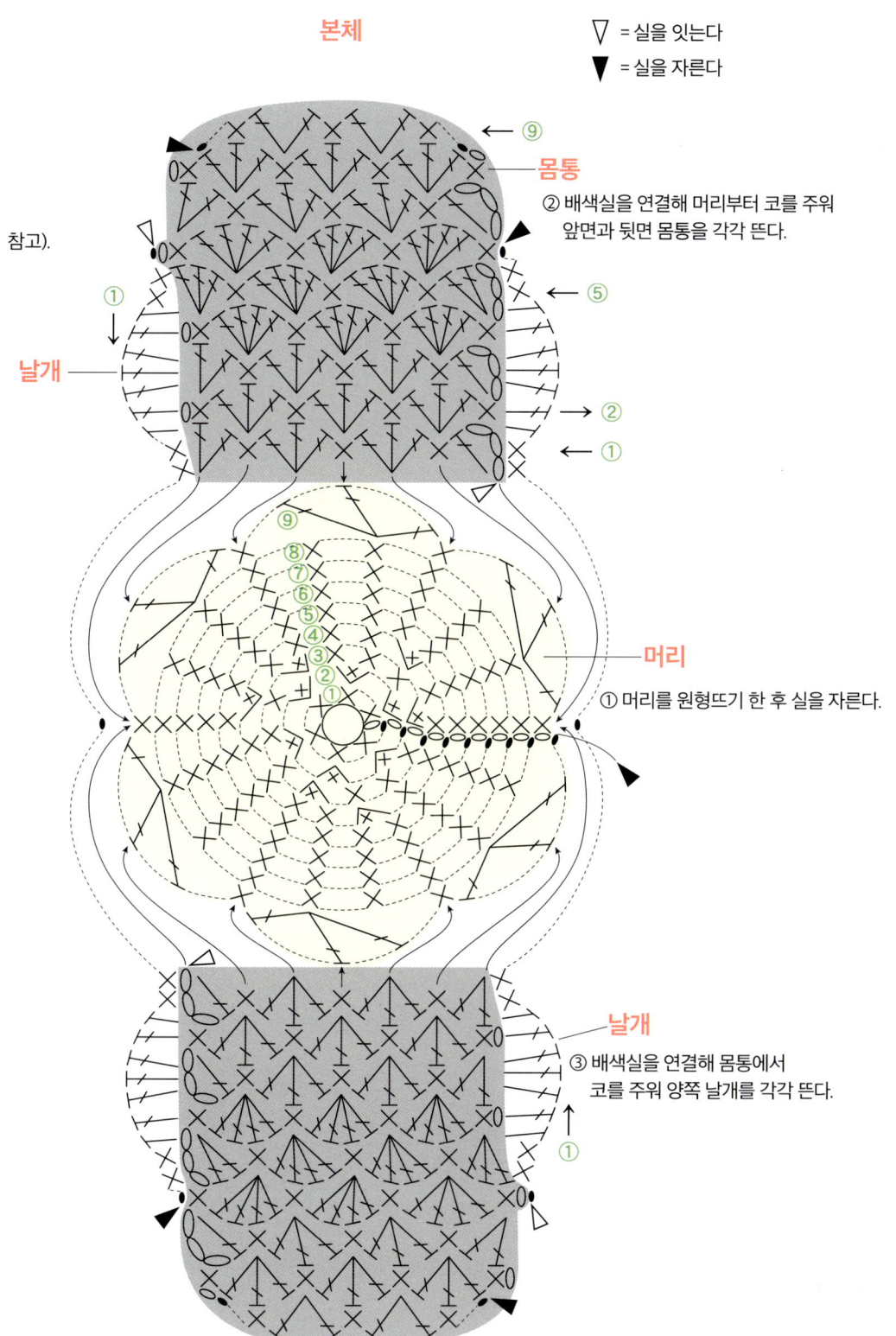

6·7·8·9 플라밍고 & 백조

◆ **사용 실(색상 번호)** 후지큐 위스터 졸리 타임 II
6 분홍색(31)…18g, 연분홍색(13)…5g, 남색(40)…조금
7 연분홍색(13)…18g, 분홍색(31)…5g, 남색(40)…조금
8 오프화이트(2)…18g, 크림색(3)…4g, 레몬색(4)·남색(40)…조금씩
9 흰색(1)…22g, 레몬색(4)·남색(40)…조금씩

◆ **코바늘** 6호

◆ **완성 크기(가로×세로)** 12.5 × 13cm

배색 표

		6	7	8	9
머리		분홍색	연분홍색	오프화이트	흰색
얼굴	5~7단	분홍색	연분홍색	오프화이트	흰색
	3·4단	연분홍색	분홍색	레몬색	남색
	1·2단	남색	남색	남색	레몬색
날개		연분홍색	분홍색	크림색	흰색
몸통		분홍색	연분홍색	오프화이트	흰색
목		분홍색	연분홍색	오프화이트	흰색

본체 뜨는 순서·완성하기(p.25 참고)

① 얼굴과 목을 뜬다.
② 목과 얼굴에서 코를 주워 머리를 뜬다.
　(목 A → 얼굴 B → 목 C 순으로 코를 잡아 뜬다.)
③ 머리가 완성되면 머리 마지막 단에 꼬리실을 통과시켜 오므린다(p.24 참고).
④ 몸통을 뜬다.
⑤ 목과 몸통에 감침질할 위치(━━)를 맞대어 감침질한다(p.20 참고).
⑥ 목의 남은 부분과 몸통을 감침질한다(p.20 참고).

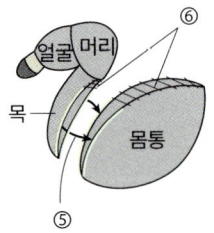

몸통

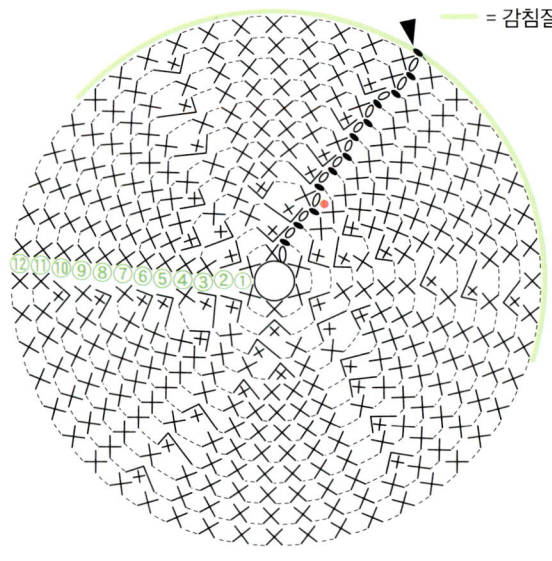

━━ = 감침질 위치

▽ = 실을 잇는다
▼ = 실을 자른다

● = 고리 다는 위치(**6·7**)

몸통 콧수

단수	콧수	콧수 증감
12	48	
11	48	+3
10	45	+3
9	42	+3
8	39	+3
7	36	+3
6	33	+3
5	30	+6
4	24	+6
3	18	+6
2	12	+6
1	6	

머리

※ 마지막 단 코머리의 바깥쪽 반 코에 꼬리실을 한 가닥 끼워 모든 코를 통과해 오므린다(p.24 참고).

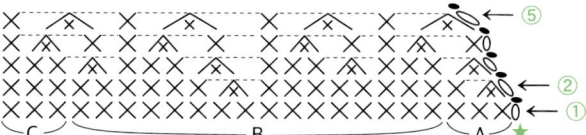

※ 얼굴 B와 목 A, C 위치에서 코를 주워 머리를 뜬다(p.25 참고).

얼굴

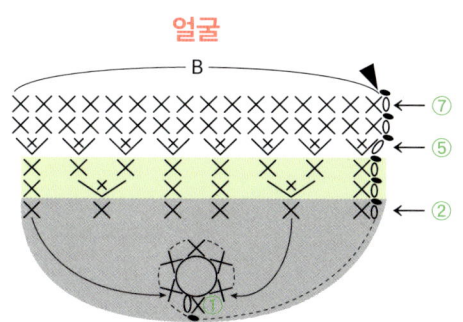

목

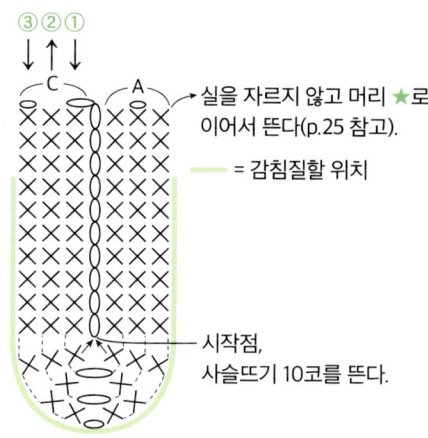

실을 자르지 않고 머리 ★로 이어서 뜬다(p.25 참고).

▬▬ = 감침질할 위치

시작점, 사슬뜨기 10코를 뜬다.

날개
(2장 만들기)

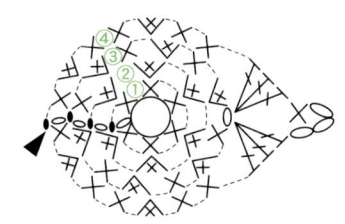

완성하기

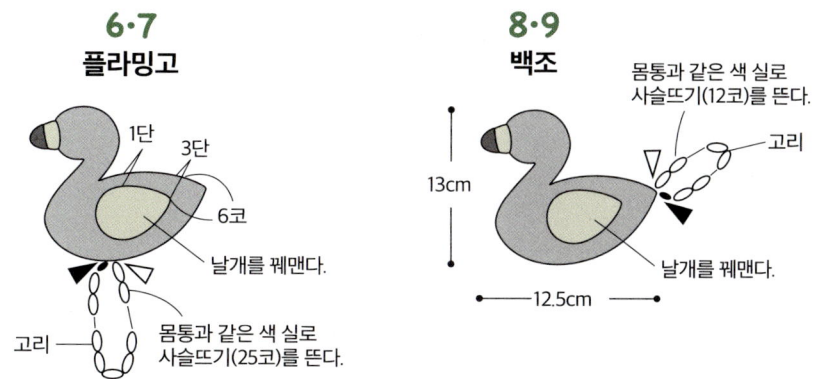

6·7 플라밍고
1단 / 3단 / 6코 / 날개를 꿰맨다. / 고리 / 몸통과 같은 색 실로 사슬뜨기(25코)를 뜬다.

8·9 백조
13cm / 12.5cm / 몸통과 같은 색 실로 사슬뜨기(12코)를 뜬다. / 고리 / 날개를 꿰맨다.

제비 & 비둘기

Design & Making… 가와이 마유미

파란 하늘을 날쌔게 나는 제비와
꽃을 물고 기분 좋게 날아가는 비둘기의 모습을 담았어요.
이렇게 네모 반듯한 평면형 수세미는 활용도가 높답니다.

큰부리새 & 도도새

Design & Making… 가와이 마유미

개성이 조금 강한 큰부리새와 도도새는
고상하면서 세련된 색으로 만들어 보세요.

10·11 제비

- ◆ 사용 실(색상 번호) 후지큐 위스터 졸리 타임 II
  - 10 오프화이트(2)…15g, 황토색(21)…9g
  - 11 오프화이트(2)…15g, 파란색(9)…9g
- ◆ 코바늘 6호
- ◆ 완성 크기(가로×세로) 16 × 16cm

배색 표

	10	11
—	오프화이트	오프화이트
—	황토색	파란색

※ 배색뜨기 실 바꾸는 법은 p.22를 참고한다.

▽ = 실을 잇는다
▼ = 실을 자른다

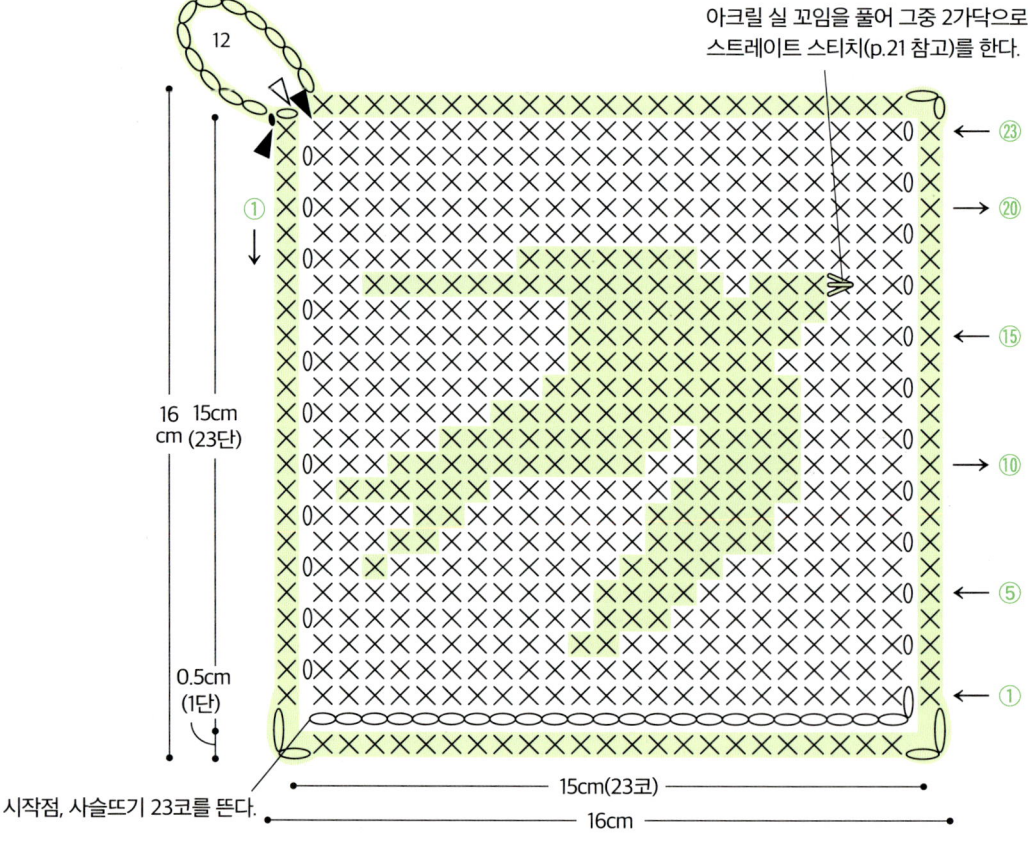

아크릴 실 꼬임을 풀어 그중 2가닥으로 스트레이트 스티치(p.21 참고)를 한다.

시작점, 사슬뜨기 23코를 뜬다.

12·13·14 비둘기

◆ **사용 실(색상 번호)** 후지큐 위스터 졸리 타임 II
12 오프화이트(2)…13g, 연두색(25)…10g
13 오프화이트(2)…13g, 하늘색(11)…10g
14 오프화이트(2)…13g, 분홍색(31)…10g

◆ **코바늘** 6호
◆ **완성 크기(가로×세로)** 16 × 16cm

배색 표

	12	13	14
───	오프화이트	오프화이트	오프화이트
▬▬▬	연두색	하늘색	분홍색

▽ = 실을 잇는다
▼ = 실을 자른다

※ 배색뜨기 실 바꾸는 법은 p.22를 참고한다.

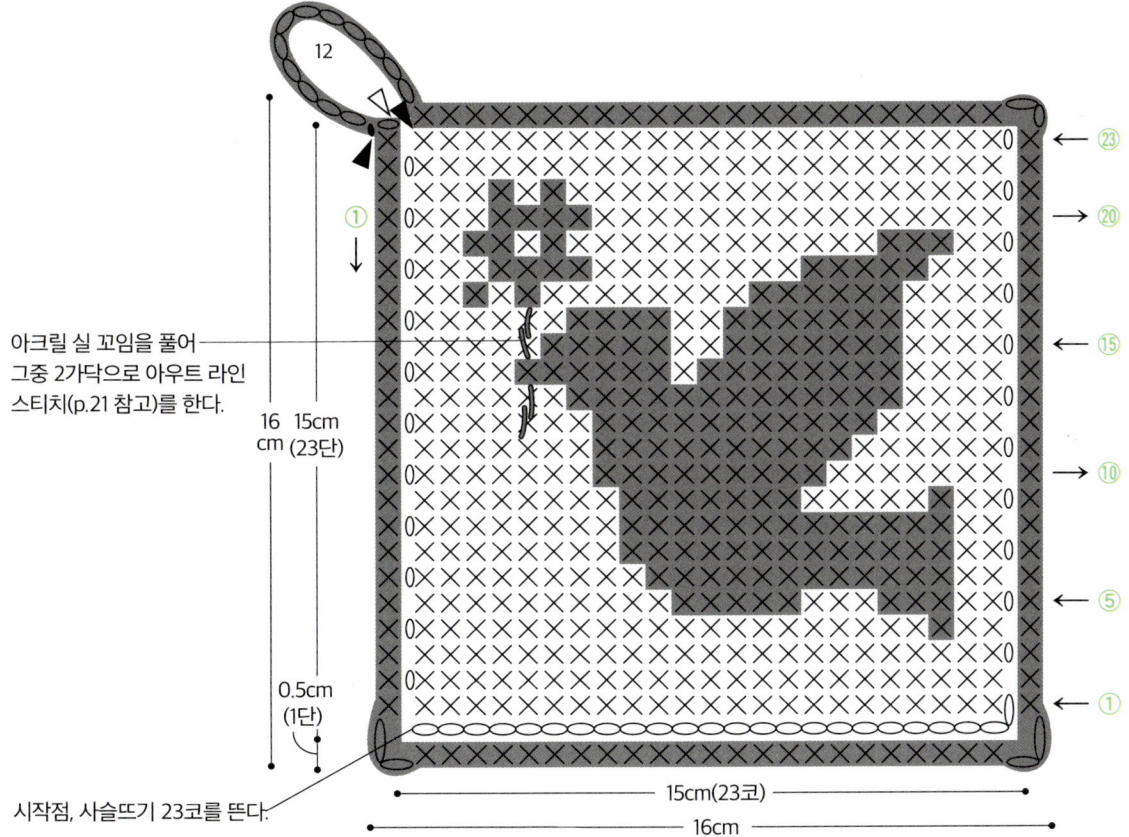

아크릴 실 꼬임을 풀어 그중 2가닥으로 아웃 라인 스티치(p.21 참고)를 한다.

시작점, 사슬뜨기 23코를 뜬다.

15·16·17 큰부리새

- ◆ 사용 실(색상 번호) 후지큐 위스터 졸리 타임 Ⅱ
- 15 갈색(20)…17g, 오프화이트(2)…6g
- 16 진녹색(7)…17g, 오프화이트(2)…6g
- 17 밝은 빨간색(17)…17g, 오프화이트(2)…6g
- ◆ 코바늘 6호
- ◆ 완성 크기(가로×세로) 16 × 16cm

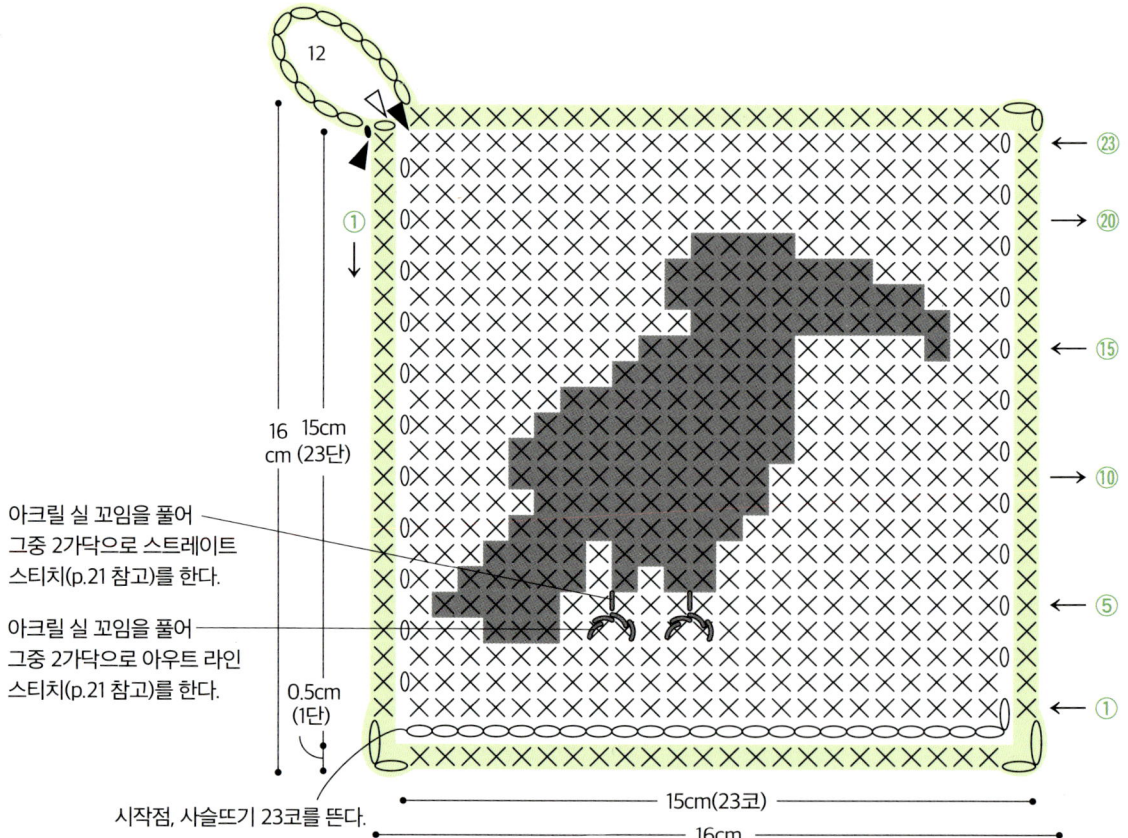

18·19 도도새

- ◈ 사용 실(색상 번호) 후지큐 위스터 졸리 타임 II
- **18** 남색(40)…16g, 오프화이트(2)…7g
- **19** 풀색(38)…16g, 오프화이트(2)…7g
- ◈ 코바늘 6호
- ◈ 완성 크기 16 × 16cm(가로×세로)

배색 표

	18	19
▬	남색	풀색
─	오프화이트	오프화이트

▽ = 실을 잇는다
▼ = 실을 자른다

※ 배색뜨기 실 바꾸는 법은 p.22를 참고한다

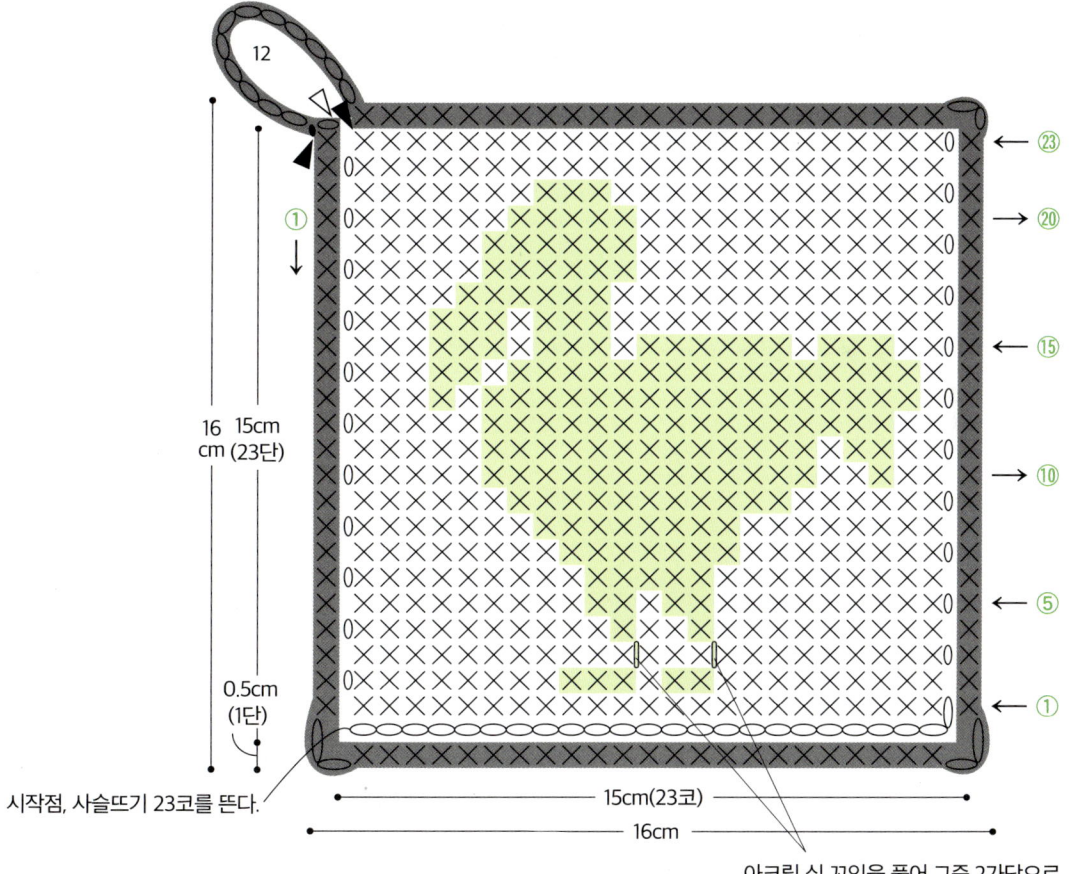

시작점, 사슬뜨기 23코를 뜬다.

아크릴 실 꼬임을 풀어 그중 2가닥으로 스트레이트 스티치(p.21 참고)를 한다.

홍관조 & 왕관앵무

Design & Making … 마쓰모토 가오루

동글동글 앙증맞고 깜찍한 홍관조와 왕관앵무예요.
손에 쏙 들어오는 크기로 설거지도 척척!

펭귄 가족

Design & Making… 후지타 도모코

귀여운 펭귄 가족을 소개합니다.
뒤뚱거리며 걷는 발소리가 들리는 듯해요.
수세미로는 물론 인형으로 장식해 놓고 싶은
매력적인 손뜨개 아이템이에요.

20·21·22·23·24 홍관조 & 왕관앵무

◆ 사용 실(색상 번호)

20 위스터 컬러풀 메이트 - 다홍색(61)…16g, 밝은 빨간색(76)…4g, 검은색(72)…3g, 오렌지색(60)…조금, 채우기 실…8g
위스터 졸리 타임Ⅱ - 검은색(10)…조금

21 위스터 컬러풀 메이트 - 오프화이트(52)…12g, 다홍색(61)…5g, 회색(68)…4g, 레몬색(87)…조금, 채우기 실…8g
위스터 졸리 타임Ⅱ - 검은색(10)…조금

22 위스터 컬러풀 메이트 - 오프화이트(52)…14g, 크림색(53)…5g, 오렌지색(60)…조금, 채우기 실…8g
위스터 졸리 타임Ⅱ - 검은색(10), 분홍(31)…조금씩

23 위스터 컬러풀 메이트 - 크림색(53)…14g, 레몬색(87)…5g, 오렌지색(60)…조금, 채우기 실…8g
위스터 졸리 타임Ⅱ - 검은색(10), 분홍(31)…조금씩

24 위스터 컬러풀 메이트 - 회색(68)…14g, 레몬색(87)…5g, 오렌지색(60)…조금, 채우기 실…8g
위스터 졸리 타임Ⅱ - 검은색(10), 분홍(31)…조금씩

◆ 코바늘 7호

◆ 완성 크기(가로×세로) 6 × 11cm

20·21 홍관조 배색 표

	20	21
날개	밝은 빨간색	회색
부리	오렌지색	레몬색

22·23·24 왕관앵무 배색 표

	22	23	24
머리	크림색	레몬색	레몬색
날개·몸통	오프화이트	크림색	회색
볏	크림색	레몬색	레몬색

20·21·22·23·24 본체 콧수

단수	콧수	콧수 증감
16	15	-2
15	17	-3
10~14	20	
9	20	+2
8	18	
7	18	+2
4~6	16	
3	16	+4
2	12	+6
1	6	

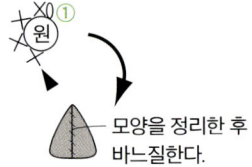

21
홍관조 본체

※ 감침질하는 법은 20 홍관조 본체와 동일

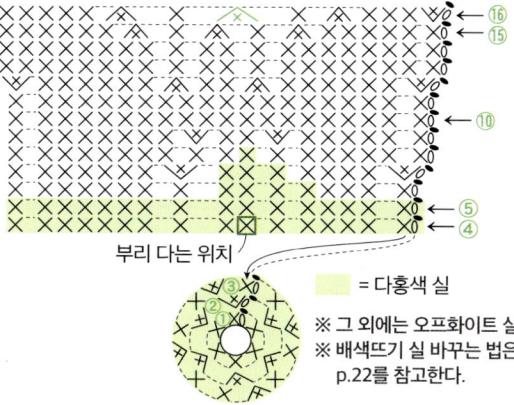

부리 다는 위치

= 다홍색 실

※ 그 외에는 오프화이트 실
※ 배색뜨기 실 바꾸는 법은 p.22를 참고한다.

22·23·24
왕관앵무 본체

── = 채우기 실을 속에 넣은 후에 편물을 맞대어 감침질한다(p.20 참고).

= 감침질하지 않는 코

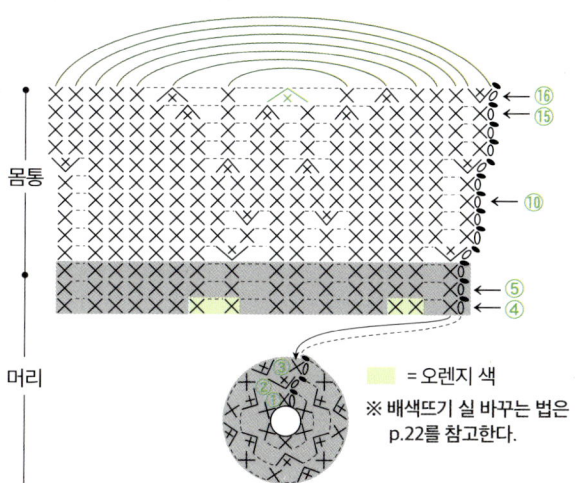

몸통
머리

= 오렌지 색

※ 배색뜨기 실 바꾸는 법은 p.22를 참고한다.

20·21·22·23·24
날개
홍관조·왕관앵무(공통)
(각 2장씩 만들기)

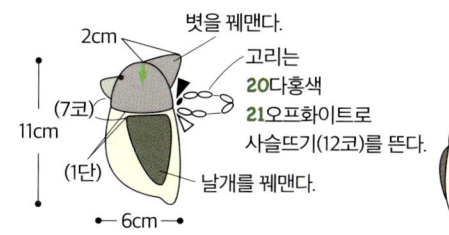

3cm
4.5cm
시작점, 사슬뜨기 5코를 뜬다.

22·23·24
왕관앵무 볏

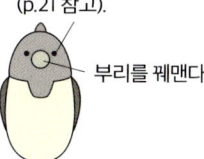

시작점,
사슬뜨기 3코를 뜬다.

20·21
홍관조 완성하기

볏을 꿰맨다.
2cm
(7코)
11cm
(1단)
6cm

고리는
20다홍색
21오프화이트로
사슬뜨기(12코)를 뜬다.
날개를 꿰맨다.

눈은 검은색(졸리 타임Ⅱ)으로
프렌치 노트 스티치【2번 감기】를 한다
(p.21 참고).
부리를 꿰맨다.

22·23·24
왕관앵무 완성하기

볏을 단다.
2cm
(7코)
11cm
(1단)
6cm

고리는 몸통과 같은 색 실로
사슬뜨기(12코)를 뜬다.
날개를 꿰맨다.

눈은 검은색으로 프렌치 노트 스티치
【2번 감기】를 한다(p.21 참고).
부리는 분홍색 실로
스트레이트 스티치(p.21 참고)를 한다.

25·26 펭귄 가족(엄마, 아빠)

- ◈ 사용 실(색상 번호) 후지큐 위스터 졸리 타임 II
- **25** 검은색(10)···18g, 흰색(1)···10g, 노란색(30)···4g, 채우기 실···14g
- **26** 남색(40)···18g, 흰색(1)···10g, 레몬색(4)···4g, 채우기 실···14g
- ◈ 코바늘 6호
- ◈ 완성 크기(가로×세로) 10.5 × 15cm

본체 배색 표

단수	25	26
13~27	흰색	흰색
12	노란색	레몬색
5~11	검은색	남색
1~4	노란색	레몬색

본체 콧수

단수	콧수	콧수 증감
27	5	-5
26	10	-5
25	15	-5
24	20	
23	20	-10
21·22	30	
20	30	+6
14~19	24	
13	24	+6
12	18	+9
11	9	-9
7~10	18	
6	18	+6
5	12	+3
4	9	+3
3	6	+2
2	4	
1	4	

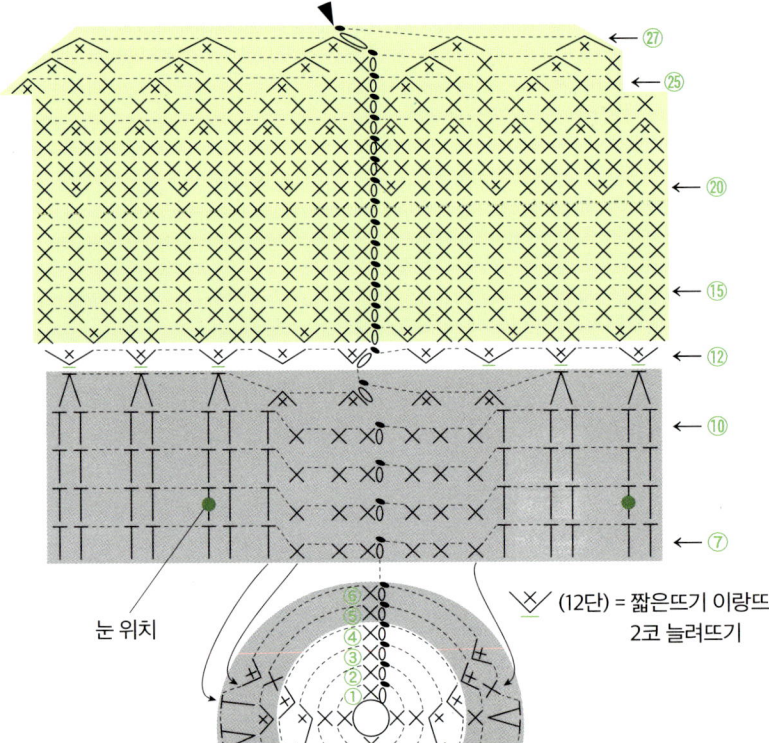

본체

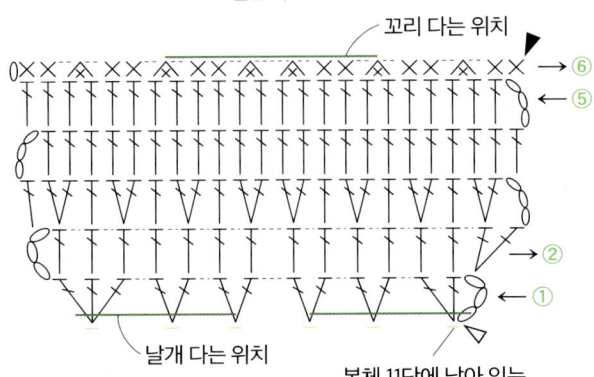

등판
25 검은색 **26** 남색

▽ = 실을 잇는다
▼ = 실을 자른다

꼬리
25 검은색 **26** 남색

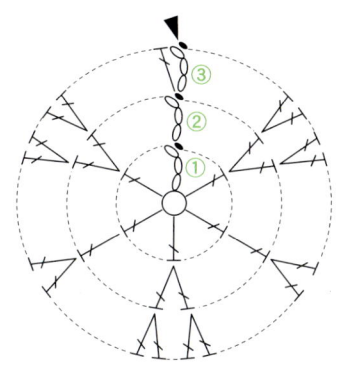

※ 반으로 접어 마주보는 코와 등판 코를 함께 겹쳐서 감침질로 잇는다(p.20 참고).

날개
25 검은색 **26** 남색
(각 2장씩 만들기)

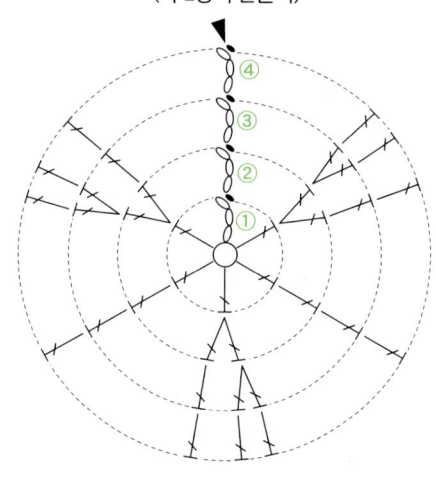

※ 반으로 접어 마주보는 코를 함께 감침질로 이어서(p.20 참고) 날개 모양을 만든다.

다리
25 노란색 **26** 레몬색
(각 2장씩 만들기)

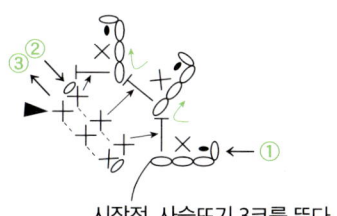

시작점, 사슬뜨기 3코를 뜬다.

완성하기
흰자위는 흰색으로 스트레이트 스티치(p.21 참고)를 한다.

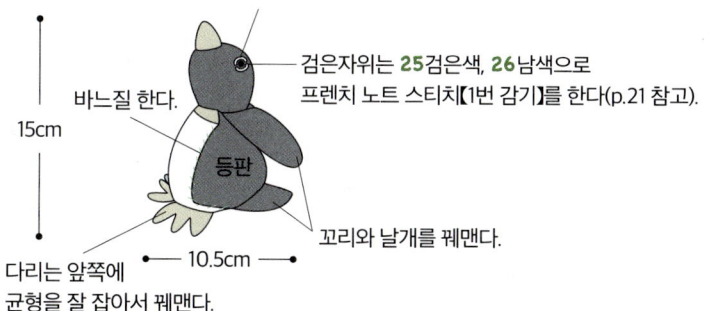

검은자위는 **25** 검은색, **26** 남색으로 프렌치 노트 스티치【1번 감기】를 한다(p.21 참고).

바느질 한다.
15cm
10.5cm
꼬리와 날개를 꿰맨다.
다리는 앞쪽에 균형을 잘 잡아서 꿰맨다.

27·28 펭귄 가족(아기)

◆ 사용 실(색상 번호) 후지큐 위스터 졸리 타임Ⅱ
27 연한 파란색(23)…11g, 검은색(10)…6g, 흰색(1)…2g, 채우기 실…10g
28 베이지(22)…11g, 남색(40)…6g, 흰색(1)…2g, 채우기 실…10g

◆ 코바늘 6호

◆ 완성 크기(가로×세로) 9.5 × 8.5cm

본체 배색 표

	27	28
———	검은색	남색
———	흰색	흰색
▓▓▓	연한 파란색	베이지

※ 배색뜨기 실 바꾸는 법은 p.22를 참고한다.

본체 콧수

단수	콧수	콧수 증감
18	7	-7
17	14	-7
16	21	-7
10~15	28	
9	28	+14
8	14	
7	14	-4
4~6	18	
3	18	+6
2	12	+6
1	6	

▼ = 실을 자른다

본체

※ 중간에 채우기 실을 넣으면서 뜨고 꼬리실은 마지막 단 코를 통과해 오므린다(p.24 참고).

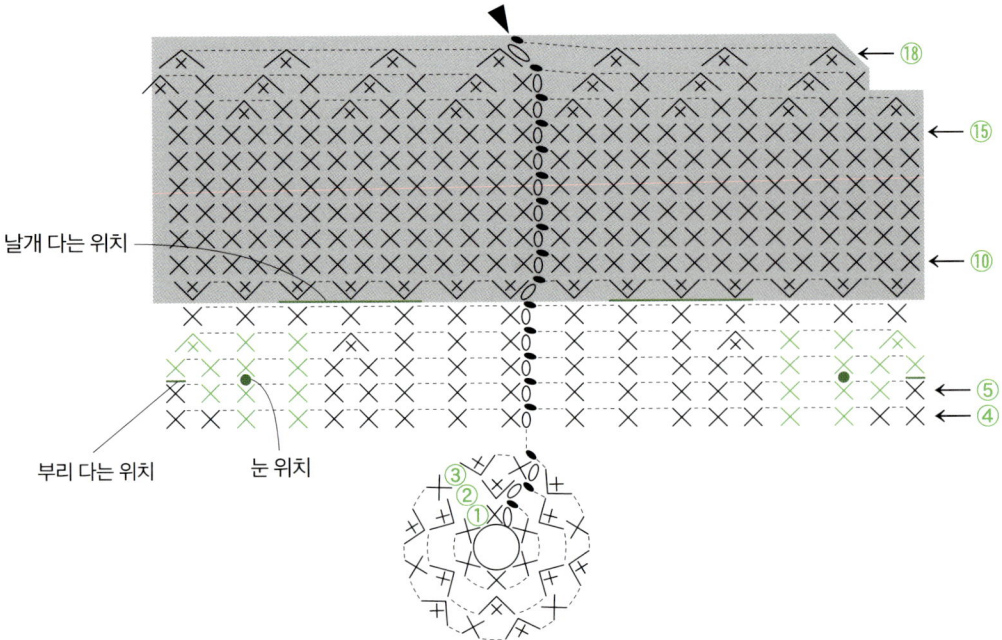

날개
27 연한 파란색 **28** 베이지
(각 2장씩 만들기)

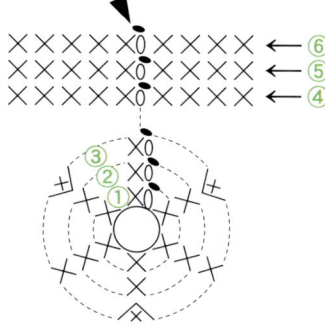

※ 접어서 마주보는 코를 함께 감침질해(p.20 참고)
날개 모양을 만든다.

부리
27 검은색 **28** 남색

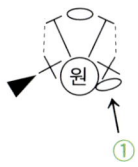

다리
27 검은색 **28** 남색
(각 2장씩 만들기)

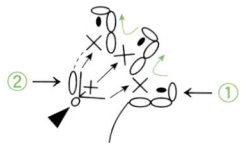

시작점, 사슬뜨기 2코를 뜬다.

※ 2단은 짧은뜨기 3코 모아뜨기(p.16)를 한 후
사슬뜨기 1코를 뜨고 실을 자른다.

완성하기

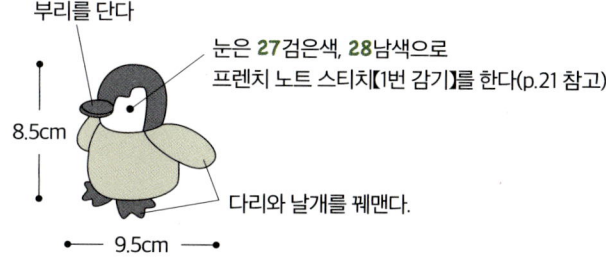

부리를 단다
눈은 **27** 검은색, **28** 남색으로
프렌치 노트 스티치【1번 감기】를 한다(p.21 참고)
다리와 날개를 꿰맨다.
8.5cm
9.5cm

닭 & 청둥오리

Design & Making… 세리자와 게이코

프릴이 하늘거리는 예쁜 닭과
노란 부리가 멋진 청둥오리 수세미예요.
잡기 편한 모양의 수세미는
쓱싹쓱싹 냄비를 닦을 때나 욕조 청소할 때 딱이랍니다.

29·30·31 닭

◆ **사용 실(색상 번호)** 후지큐 위스터 졸리 타임Ⅱ
29 분홍색(31)…25g, 밝은 빨간색(17)…2g, 베이지(22)…1g, 갈색(20)…조금, 채우기 실…10g
30 레몬색(4)…17g, 연갈색(37)…5g, 노란색(30)…4g, 다홍색(16)…2g, 밝은 빨간색(17)…조금, 채우기 실…10g
31 연분홍색(13)…20g, 흰색(1)…4g, 밝은 빨간색(17)…2g, 베이지(22)…1g, 갈색(20)…조금, 채우기 실…10g

◆ 코바늘 8호

◆ 완성 크기(가로×세로) 13 × 11cm

배색 표

	29	30	31
볏·닭 수염	밝은 빨간색	다홍색	밝은 빨간색
부리	베이지	연갈색	베이지
프릴(위)	분홍색	레몬색	연분홍색
프릴(가운데)		노란색	흰색
프릴(아래)		연갈색	연분홍색
본체		레몬색	

본체 콧수

단수	콧수	콧수 증감
22	4	-4
21	8	-8
20	16	-16
15~19	32	
14	32	+2
13	30	+2
12	28	+4
11	24	+4
10	20	
9	20	+4
8	16	+4
7	12	
6	12	-1
5	13	-2
4	15	
3	15	+5
2	10	+5
1	5	

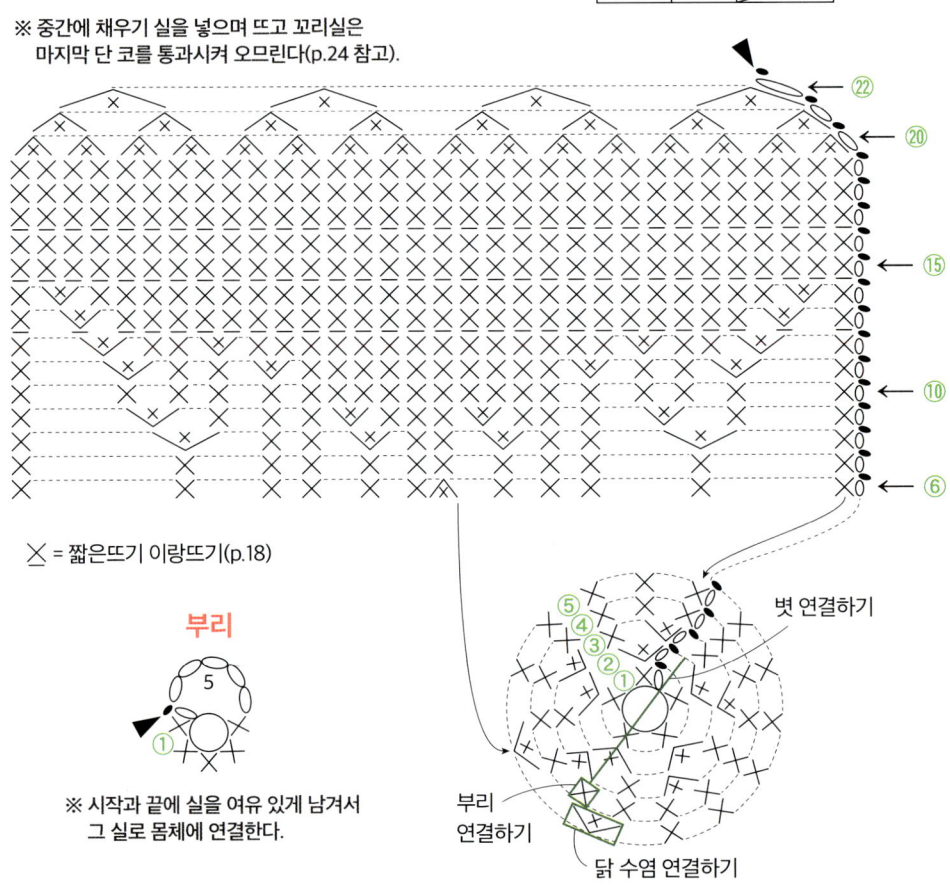

※ 중간에 채우기 실을 넣으며 뜨고 꼬리실은 마지막 단 코를 통과시켜 오므린다(p.24 참고).

✕ = 짧은뜨기 이랑뜨기(p.18)

부리

※ 시작과 끝에 실을 여유 있게 남겨서 그 실로 몸체에 연결한다.

볏 연결하기
부리 연결하기
닭 수염 연결하기

프릴

① ↓

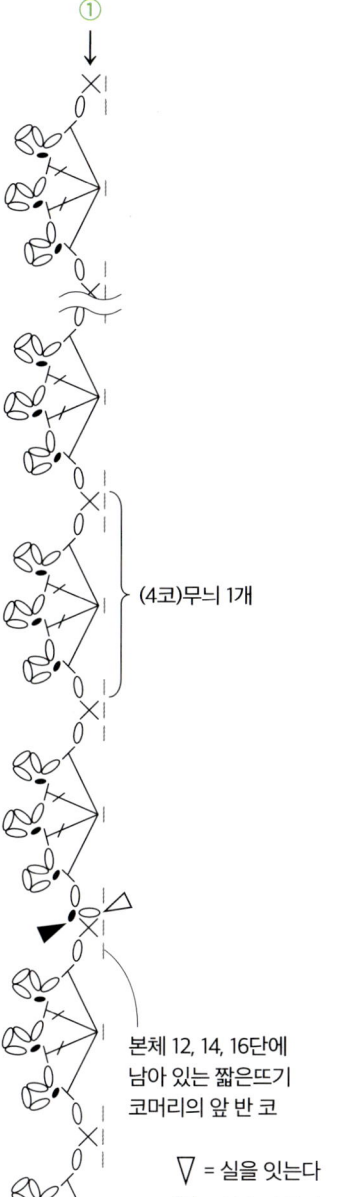

(4코)무늬 1개

본체 12, 14, 16단에 남아 있는 짧은뜨기 코머리의 앞 반 코

▽ = 실을 잇는다
▼ = 실을 자른다

12단…무늬 7개
14단…무늬 8개
16단…무늬 8개

본체 12, 14, 16 각 단에 남아 있는 짧은뜨기 코의 앞 반 코를 주워 정해진 개수만큼 프릴 무늬를 뜬다.

볏

고리

볏의 꼬리실을 본체에 통과시켜 부리 아래로 꺼내 닭 수염을 뜬다.

닭 수염

← ①

시작점, 사슬뜨기 5코를 뜬다.

※ 뜨개실을 20cm 정도 남기고 시작코를 뜬다.
남긴 실(꼬리실)로 본체에 연결한다.

완성하기

볏을 뜬다.

4cm

닭 수염

11cm

13cm

29·31 수세미 눈은 갈색, 30은 밝은 빨간색으로 프렌치 노트 스티치【4번 감기】를 한다(p.21 참고).

볏 뜨기의 꼬리실을 본체에 통과시켜 닭 수염을 뜬다.

프릴을 연결해 뜬다.

32·33 청둥오리

- ◈ 사용 실(색상 번호) 후지큐 위스터 졸리 타임 Ⅱ
- **32** 베이지(22)·연갈색(37)…7g씩, 초록색(8)…3g, 갈색(20)…2g, 레몬색(4)·남색(40)…1g씩, 채우기 실…12g
- **33** 크림색(3)·황토색(21)…7g씩, 연두색(25)…3g, 풀색(38)…2g, 레몬색(4)·남색(40)…1g씩, 갈색(20)…조금, 채우기 실…12g
- ◈ 코바늘 8호
- ◈ 완성 크기(가로×세로) 15 × 11cm

배색 표

단수	32	33
몸통		
12	갈색	풀색
7~11	연갈색	황토색
1~6	베이지	크림색
머리		
8	베이지	크림색
7	남색	남색
1~6	초록색	연두색

몸통 콧수

단수	콧수	콧수 증감
12	34	-2
11	36	-2
10	38	-2
9	40	-2
8	42	
7	42	+4
6	38	+4
5	34	+4
4	30	+4
3	26	+4
2	22	+8
1	14	

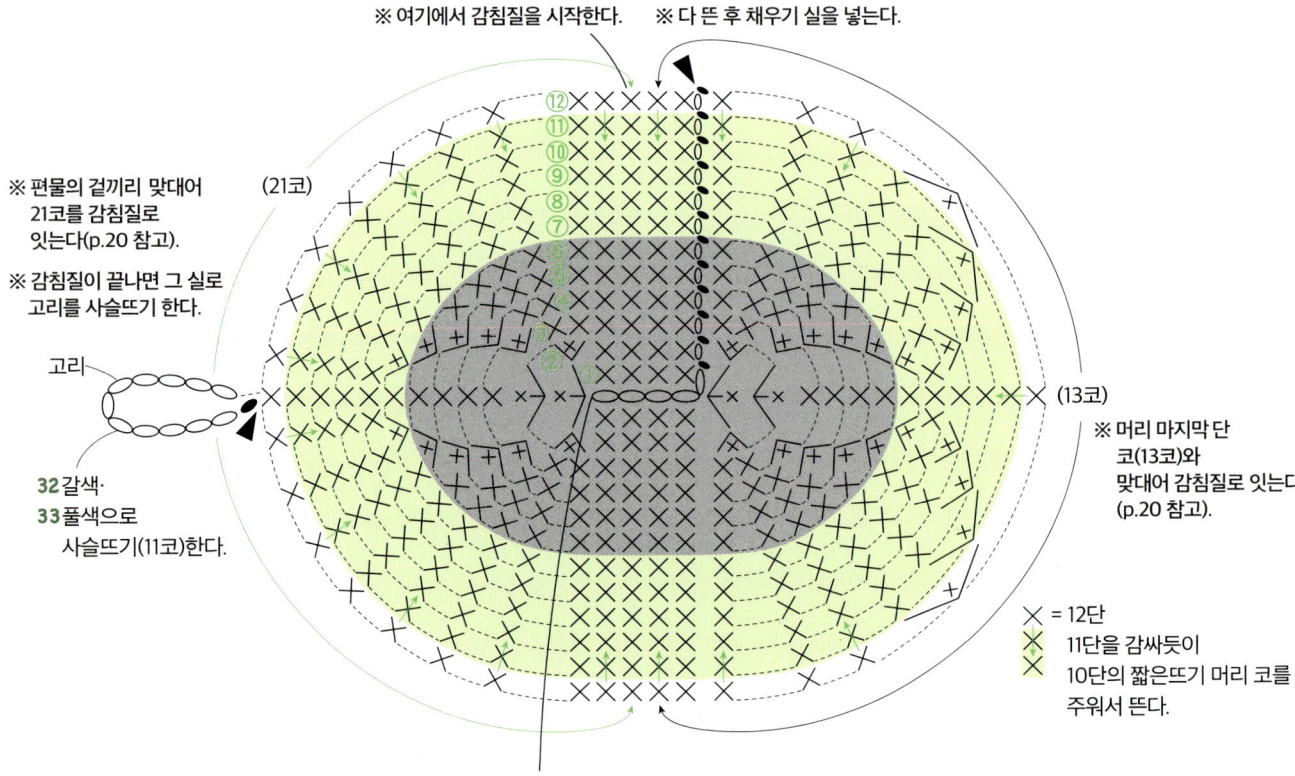

머리

뒤

※ 파트끼리 연결할 때 사용할 실을 여유 있게 남기고 자른다.

눈 위치

앞

부리 다는 위치

머리 콧수

단수	콧수	콧수 증감
7·8	13	
6	13	-2
4·5	15	
3	15	+5
2	10	+5
1	5	

※ 눈과 부리를 바느질로 고정한 다음에 몸통을 감침질한다.
※ 다 뜬 후에 채우기 실을 넣는다.

부리 레몬색

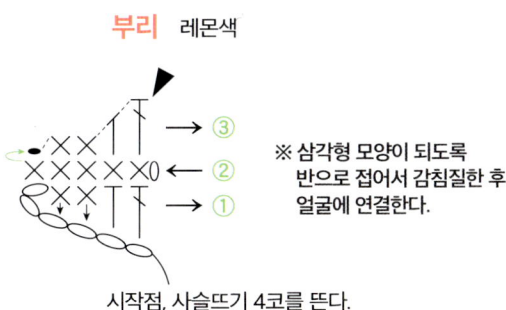

※ 삼각형 모양이 되도록 반으로 접어서 감침질한 후 얼굴에 연결한다.

시작점, 사슬뜨기 4코를 뜬다.

완성하기

눈은 갈색으로 프렌치 노트 스티치【5번 감기】를 한다(p.21 참고).

눈은 스티치하고 부리는 꿰맨 후 머리와 몸통을 감침질로 잇는다(p.20 참고).

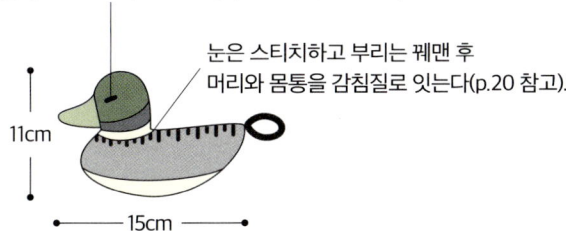

11cm

15cm

배 & 갈매기

Design & Making… 후지타 도모코

드넓은 바다를 유유히 건너는 배와
그 주변을 기분 좋게 날아다니는 갈매기예요.
마린 풍 수세미는 주방 인테리어 소품으로 잘 어울린답니다.

34·35·36 배

◆ 사용 실(색상 번호) 후지큐 위스터 졸리 타임 II
34 파란색(9)…18g, 흰색(1)·다홍색(16)…5g씩, 베이지(22)…2g, 연한 파란색(23)…1g, 채우기 실…25g
35 다홍색(16)…18g, 흰색(1)·레몬색(4)…5g씩, 베이지(22)…2g, 연한 파란색(23)…1g, 채우기 실…25g
36 초록색(8)…18g, 흰색(1)·노란색(30)…5g씩, 베이지(22)…2g, 연한 파란색(23)…1g, 채우기 실…25g

◆ 코바늘 6호
◆ 완성 크기(가로×세로) 12 × 13cm

본체 배색 표

단수	34	35	36
21	파란색	다홍색	초록색
19·20	다홍색	레몬색	노란색
15~18	파란색	다홍색	초록색
14	베이지		
11~13	흰색		
10	연한 파란색		
6~9	흰색		
4·5	파란색	다홍색	초록색
2·3	다홍색	레몬색	노란색
1	파란색	다홍색	초록색

본체 콧수

단수	콧수	콧수 증감
21	40	
20	40	-4
19	44	-4
17·18	48	
16	48	+6
15	42	
14	42	+6
13	36	+12
12	24	
11	24	+6
8~10	18	
7	18	+6
6	12	+6
2~5	6	
1	6	

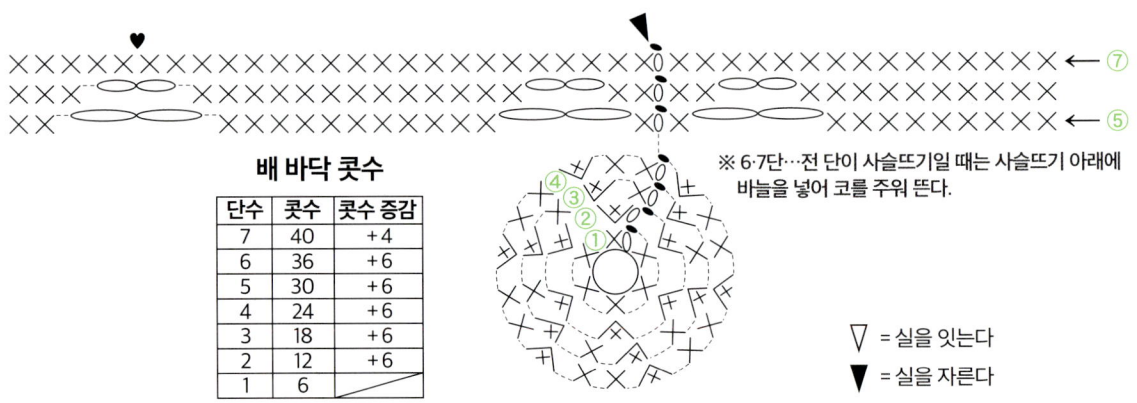

배 바닥 콧수

단수	콧수	콧수 증감
7	40	+4
6	36	+6
5	30	+6
4	24	+6
3	18	+6
2	12	+6
1	6	

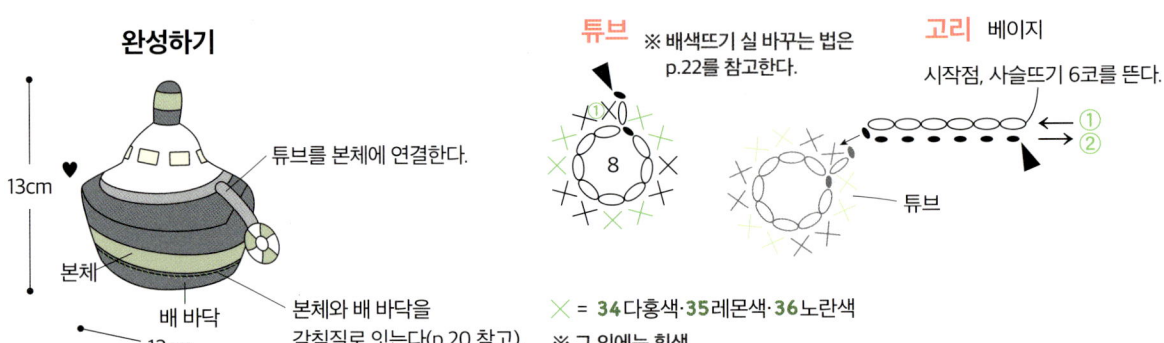

× = 34 다홍색·35 레몬색·36 노란색
※ 그 외에는 흰색
※ 1단은 사슬뜨기 원형코의 사슬 아래에 바늘을 넣어서 코를 주워 뜬다.

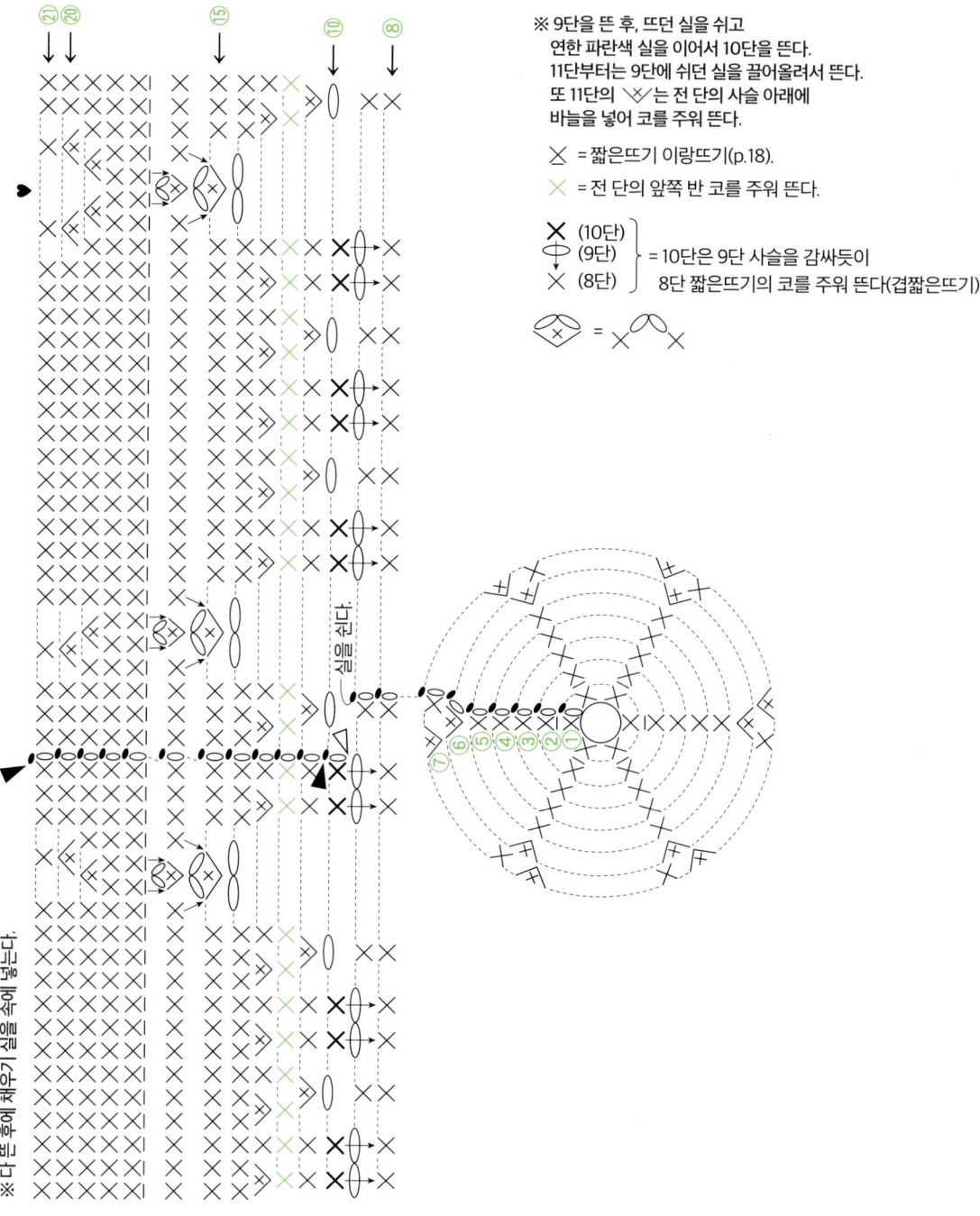

37·38 갈매기

- ◆ 사용 실(색상 번호) 후지큐 위스터 컬러풀 메이트
- **37** 베이지(54)…20g, 회색(68)…8g, 남색(71)…2g, 레몬색(87)…1g, 채우기 실…13g
- **38** 흰색(51)…20g, 회색(68)…8g, 검은색(72)…2g, 레몬색(87)…1g, 채우기 실…13g
- ◆ 코바늘 7호
- ◆ 완성 크기(가로×세로) 13.5 × 10.5cm

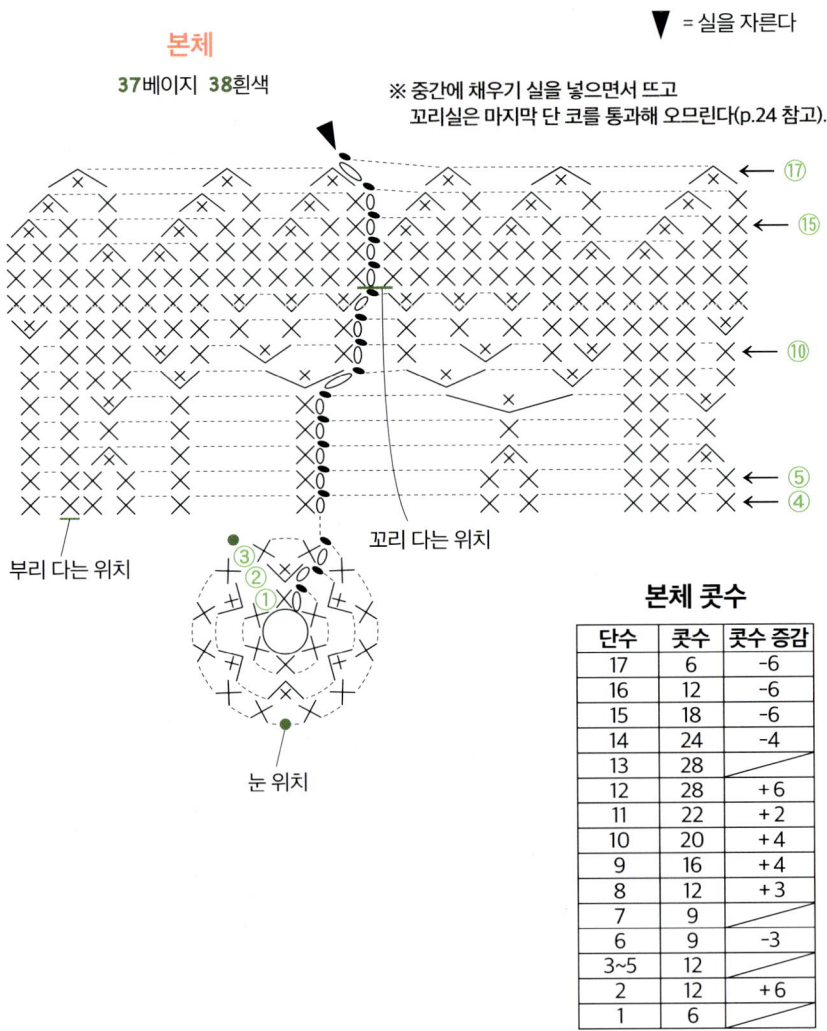

본체 콧수

단수	콧수	콧수 증감
17	6	-6
16	12	-6
15	18	-6
14	24	-4
13	28	
12	28	+6
11	22	+2
10	20	+4
9	16	+4
8	12	+3
7	9	
6	9	-3
3~5	12	
2	12	+6
1	6	

꼬리

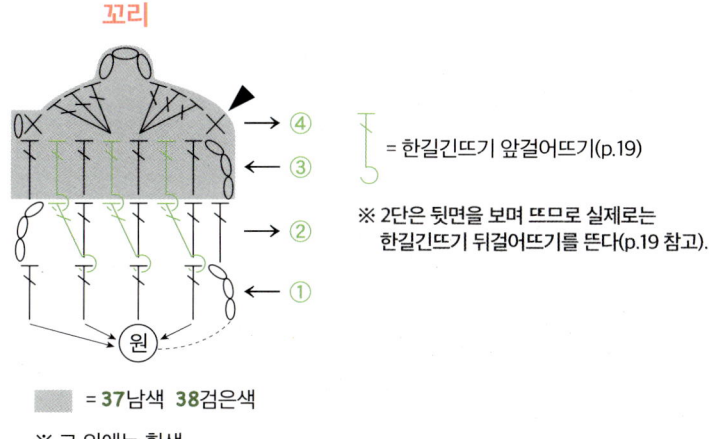

$\int$ = 한길긴뜨기 앞걸어뜨기(p.19)

※ 2단은 뒷면을 보며 뜨므로 실제로는
한길긴뜨기 뒤걸어뜨기를 뜬다(p.19 참고).

■ = 37남색 38검은색

※ 그 외에는 흰색

날개
회색(2장씩 만들기)

부리
레몬색

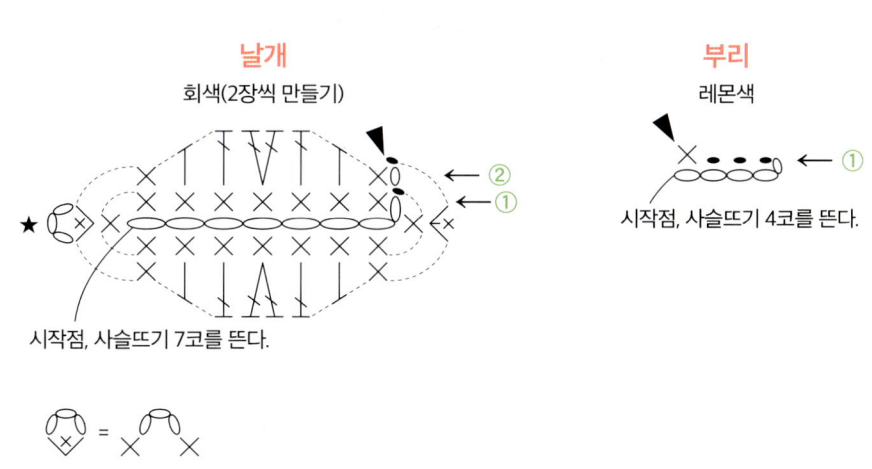

시작점, 사슬뜨기 7코를 뜬다.

시작점, 사슬뜨기 4코를 뜬다.

완성하기

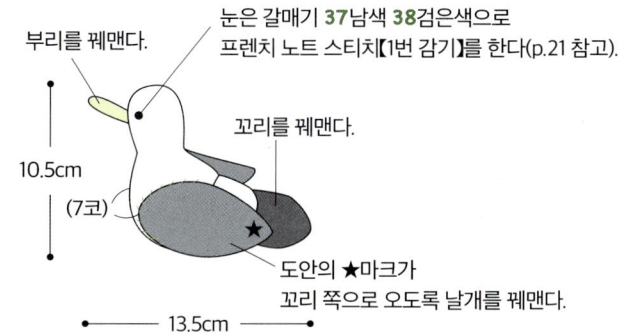

부리를 꿰맨다.

눈은 갈매기 37남색 38검은색으로
프렌치 노트 스티치【1번 감기】를 한다(p.21 참고).

꼬리를 꿰맨다.

10.5cm

(7코)

도안의 ★마크가
꼬리 쪽으로 오도록 날개를 꿰맨다.

13.5cm

동박새 & 매화꽃

Design & Making … 후지타 도모코

매화꽃 꿀을 찾아 앙증맞은 부리를 삐쭉이 내민 동박새예요.
매화꽃과 동박새를 함께 장식해 놓고 싶지 않나요?

흰뺨검둥오리 가족

Design & Making… 후지타 도모코

어미 오리 뒤를 졸졸 따라 헤엄치는 새끼 오리들이 정말 귀엽죠?
크기가 큰 엄마 아빠 오리는 욕실 청소에,
작은 크기의 꼬마 오리는 탁자 먼지 닦는 데 제격이에요.

39·40 동박새

◆ 사용 실(색상 번호)　DARUMA 카페 키친
39 연노란색(6)·녹차색(7)·진녹색(8)…6g씩, 갈색(4)…1g, 흰색(1)…조금
40 연노란색(6)·연두색(53)·초록색(52)…6g씩, 갈색(4)…1g, 흰색(1)…조금

◆ 코바늘　7호

◆ 완성 크기(가로×세로)　18 × 10cm

몸통 콧수

단수	콧수	콧수 증감
3	48	+ 16
2	32	+ 16
1	16	

몸통 배색 표

	39	40
——	연노란색	연노란색
——	녹차색	연두색

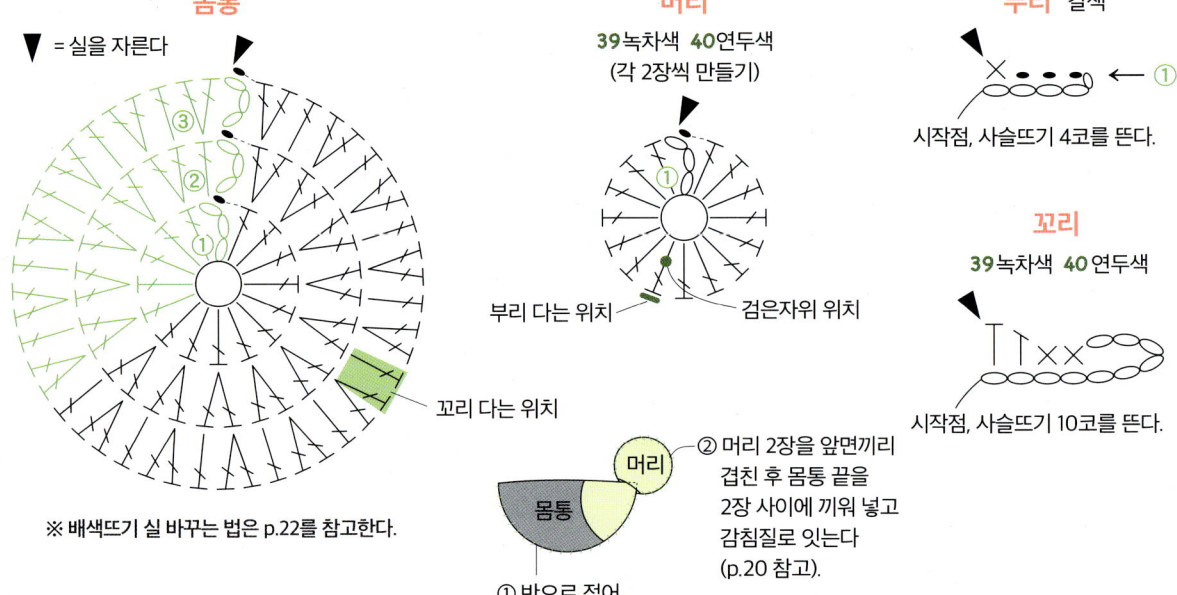

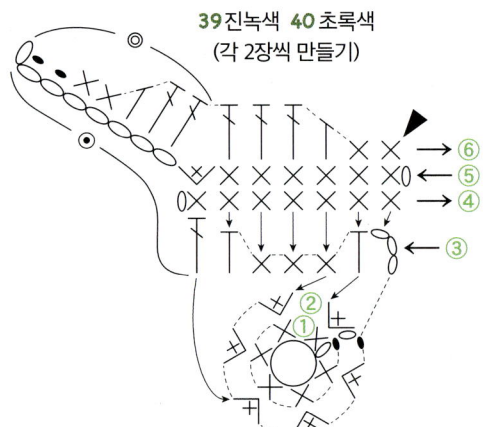

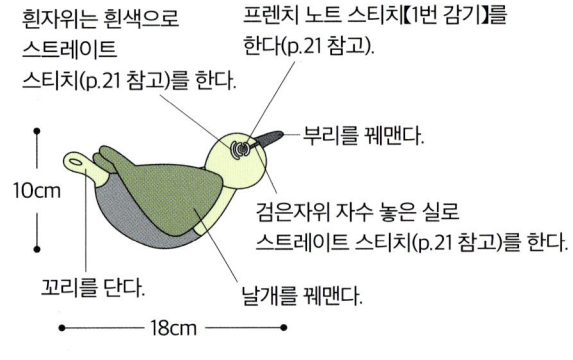

41·42 매화꽃

◆ 사용 실(색상 번호) 후지큐 위스터 졸리 타임Ⅱ
41 다홍색(16)…15g, 레몬색(4)…3g
42 분홍색(31)…15g, 레몬색(4)…3g
◆ 코바늘 6호
◆ 완성 크기(가로×세로) 12 × 11.5cm

꽃잎
41 다홍색 42 분홍색
(각 2장씩 만들기)

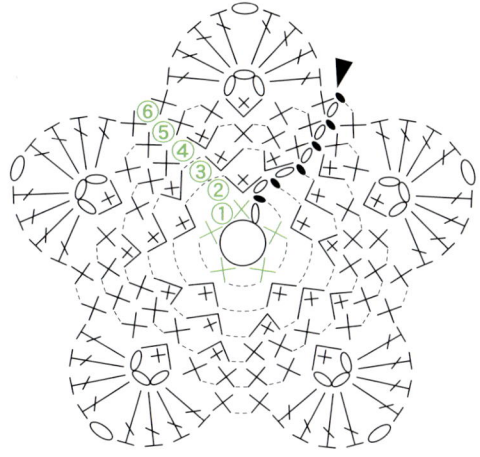

× (1단) = 매화꽃잎 앞면은 꽃술 1단의 짧은뜨기 코머리에 남아 있는 뒤 반 코를 주워 뜬다.

※ 꽃잎 뒷면은 원형코로 시작해서 뜬다.

꽃술
레몬색

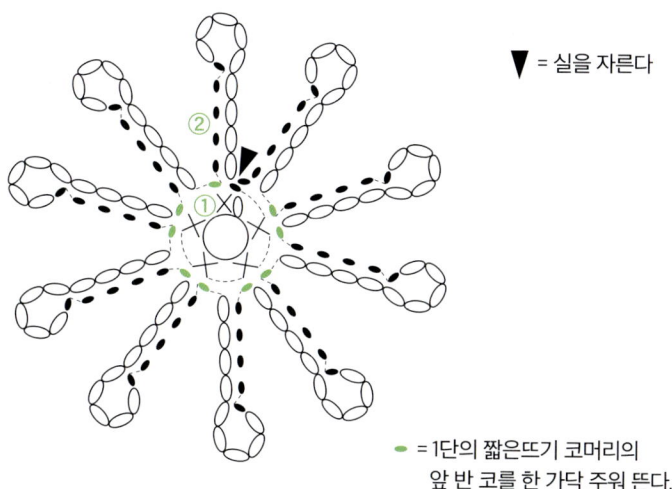

▼ = 실을 자른다

● = 1단의 짧은뜨기 코머리의 앞 반 코를 한 가닥 주워 뜬다.

완성하기

꽃잎 2장을 앞면이 바깥으로 보이도록 겹쳐서 감침질로 잇는다(p.20 참고).

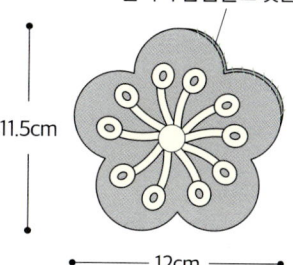

11.5cm
12cm

43·44 흰뺨검둥오리 가족(엄마, 아빠)

◆ 사용 실(색상 번호) 하마나카 러브 보니
43 흑갈색(119)…20g, 겨자색(127)…17g, 검은색(120)…조금, 채우기 실…23g
44 흑갈색(119)…20g, 황토색(122)…17g, 검은색(120)…조금, 채우기 실…23g

◆ 코바늘 5호

◆ 완성 크기(가로×세로) 15 × 14cm

✕ ✕ = 전 단의 사슬을 감싸듯이 전전 단의
짧은뜨기 코머리를 주워 뜬다(겹짧은뜨기).

= 한길긴뜨기 앞걸어뜨기(p.19)

= 짧은뜨기 앞걸어뜨기

부위별 배색 표

	43	44
몸통·머리(──)	흑갈색	흑갈색
몸통·머리(──)	겨자색	황토색
날개	흑갈색	흑갈색
부리	흑갈색	흑갈색

몸통

※ 뜨기가 끝나면 채우기 실을 넣고 꼬리실은 마지막 단을 통과해 오므린다(p.24 참고).

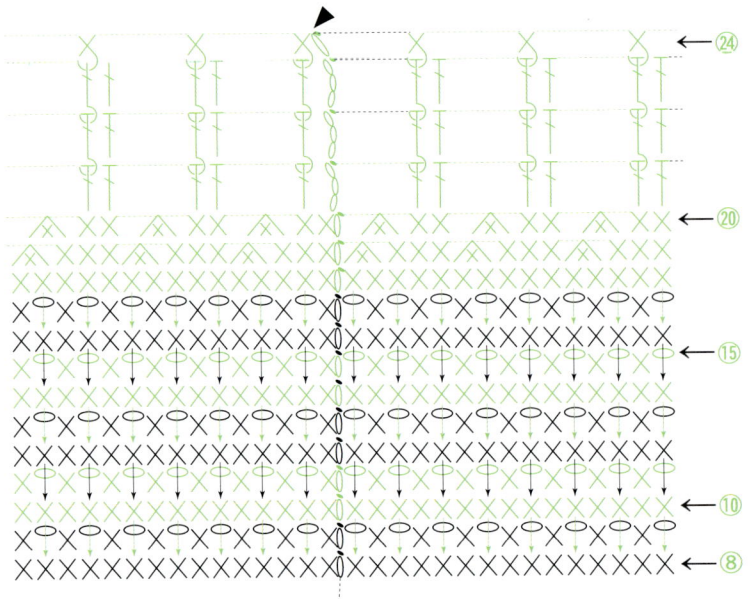

몸통 콧수

단수	콧수	콧수 증감
24	6	6
22·23	12	
21	12	6
20	18	6
19	24	6
8~18	30	
7	30	+6
6	24	
5	24	+6
4	18	
3	18	+6
2	12	+6
1	6	

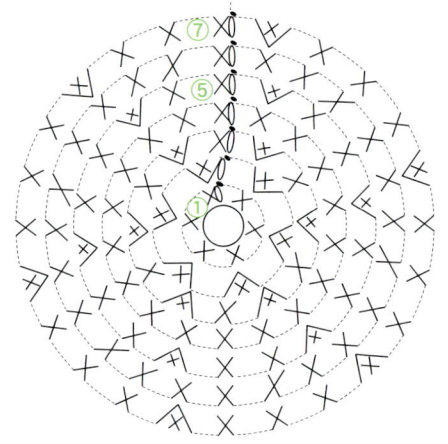

머리

※ 뜨기가 끝나면 채우기 실을 넣는다.

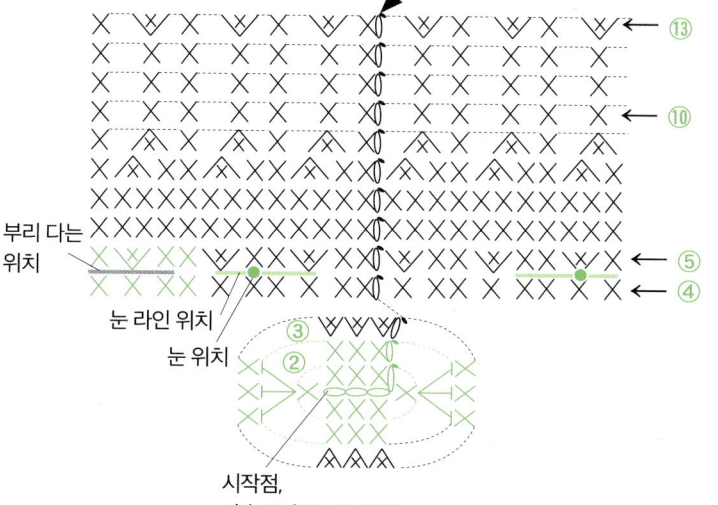

머리 콧수

단수	콧수	콧수 증감
13	18	+6
10~12	12	
9	12	−6
8	18	−6
6·7	24	
5	24	+6
4	18	
3	18	+6
2	12	+4
1	8	

부리 / 날개

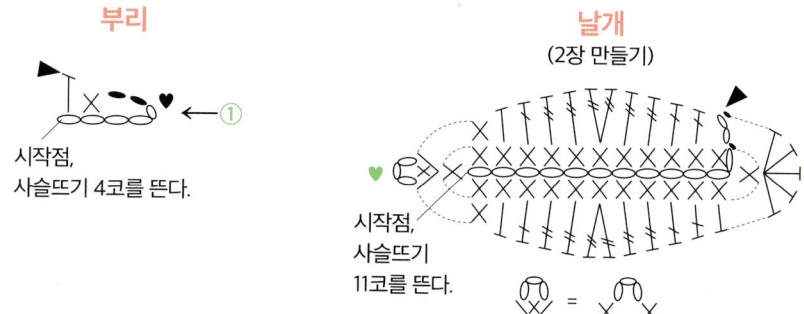

날개 (2장 만들기)

완성하기

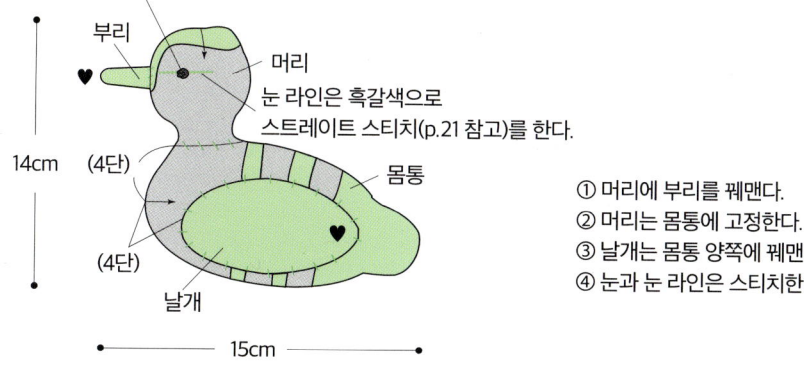

① 머리에 부리를 꿰맨다.
② 머리는 몸통에 고정한다.
③ 날개는 몸통 양쪽에 꿰맨다.
④ 눈과 눈 라인은 스티치한다.

45·46 흰뺨검둥오리 가족(아기)

◆ **사용 실(색상 번호)** 하마나카 러브 보니
45 흑갈색(17)…4g, 금갈색(21)…3g, 검은색(20)…조금, 채우기 실…6g
46 흑갈색(17)…4g, 진베이지(38)…3g, 검은색(20)…조금, 채우기 실…6g

◆ 코바늘 4호

◆ 완성 크기(가로×세로) 8 × 7cm

= 전 단의 사슬을 감싸듯이 전전 단의 짧은뜨기 코머리를 주워 뜬다(겹짧은뜨기).

= 한길긴뜨기 앞걸어뜨기(p.19)

= 짧은뜨기 앞걸어뜨기

부위별 배색 표

	45	46
몸통·머리(—)	흑갈색	흑갈색
몸통·머리(—)	금갈색	진베이지
날개	흑갈색	흑갈색
부리	흑갈색	흑갈색

몸통

※ 뜨기가 끝나면 채우기 실을 넣고 꼬리실은 마지막 단을 통과해 오므린다(p.24 참고).

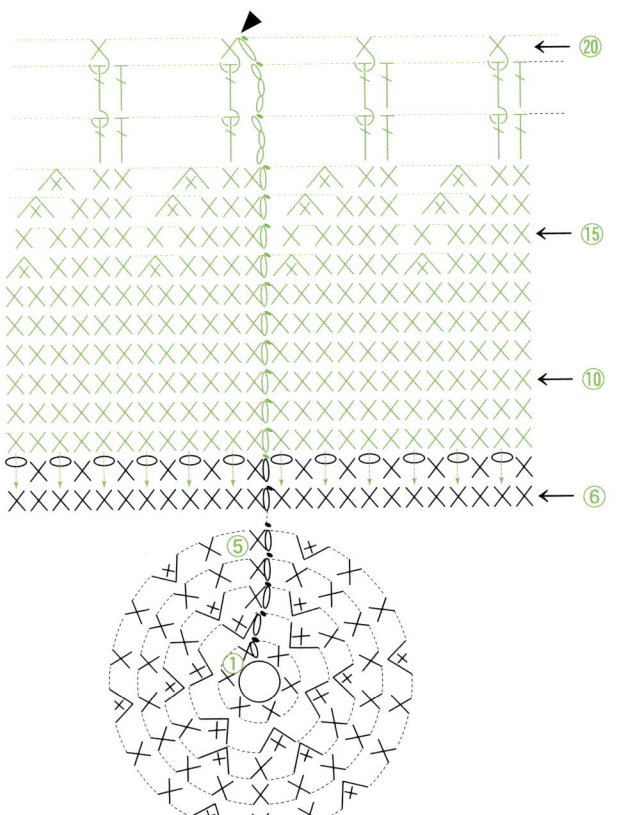

몸통 콧수

단수	콧수	콧수 증감
20	4	−4
19	8	
18	8	−4
17	12	−4
16	16	−4
15	20	
14	20	−4
6~13	24	
5	24	+6
4	18	
3	18	+6
2	12	+6
1	6	

머리

※ 뜨기가 끝나면 채우기 실을 넣는다.

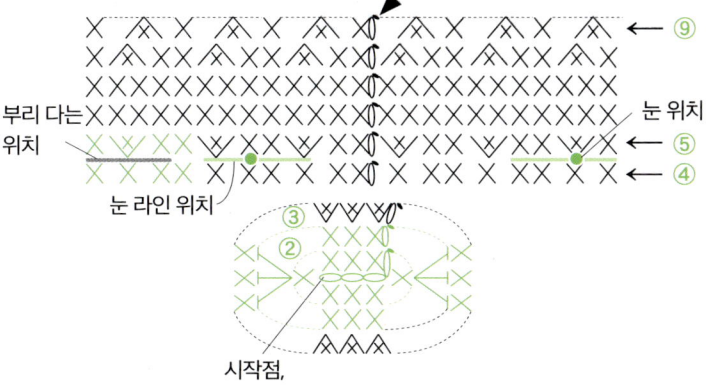

머리 콧수

단수	콧수	콧수 증감
9	12	−6
8	18	−6
6·7	24	
5	24	+6
4	18	
3	18	+6
2	12	+4
1	8	

부리

시작점,
사슬뜨기 4코를 뜬다.

날개
(2장 만들기)

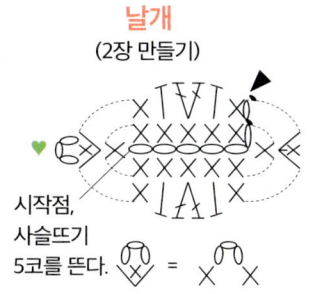

시작점,
사슬뜨기 5코를 뜬다.

완성하기

눈은 검은색으로 프렌치 노트 스티치 【1번 감기】를 한다(p.21 참고).

※ 눈과 눈 라인은 반대쪽도 같은 위치에 스티치한다.

눈 라인은 흑갈색으로 스트레이트 스티치(p.21 참고)를 한다.

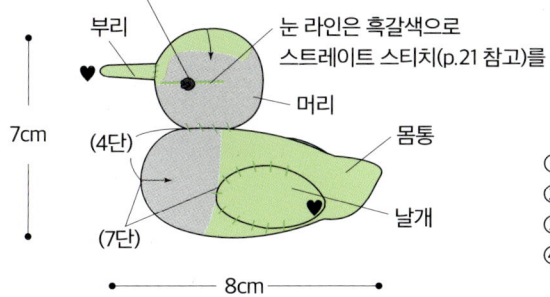

① 머리에 부리를 꿰맨다.
② 머리는 몸통에 고정한다.
③ 날개는 몸통 양쪽에 꿰맨다.
④ 눈과 눈 라인은 스티치한다.

닭 & 병아리

Design & Making··· 세리자와 게이코

얼굴이 귀여운 닭과 병아리예요.
납작한 평면 타입 수세미는
물기가 잘 말라서 매일 사용하기 좋습니다.

햇병아리 & 달걀 프라이

Design & Making… 세리자와 게이코

알을 막 깨고 나온 병아리와 달걀프라이를 수세미로 재현했어요.
평소에 보지 못한 이런 특별한 수세미를 선물하면 받는 사람도 기뻐하겠죠?

47·48·49 닭

- ◈ 사용 실(색상 번호) 후지큐 위스터 졸리 타임Ⅱ
- **47** 노란색(30)…16g, 밝은 빨간색(17)…1g, 갈색(20)·베이지(22)…조금씩
- **48** 오프화이트(2)…16g, 다홍색(16)…1g, 갈색(20)·연갈색(37)…조금씩
- **49** 연두색(25)…16g, 밝은 빨간색(17)…1g, 크림색(3)·갈색(20)…조금씩
- ◈ 코바늘 8호
- ◈ 완성 크기(가로×세로) 13 × 17.5cm

부위별 배색 표

	47	48	49
본체(앞·뒤)	노란색	오프화이트	연두색
볏	밝은 빨간색	다홍색	밝은 빨간색
가장자리	노란색	오프화이트	연두색
부리	베이지	연갈색	크림색

본체(앞면·뒷면) 콧수

단수	콧수	콧수 증감
7	37	+7
6	30	
5	30	+6
4	24	+6
3	18	+6
2	12	+6
1	6	

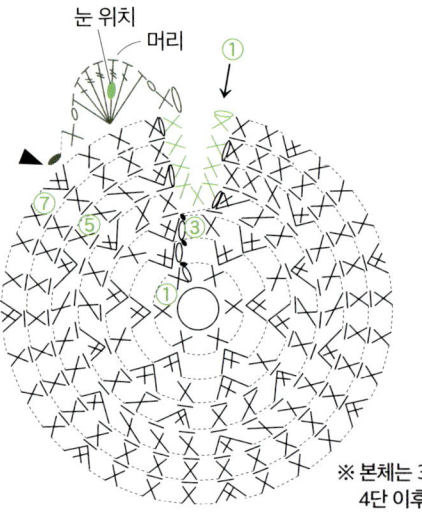

본체 앞면 / 본체 뒷면

※ 본체는 3단까지 원형뜨기를 하고 4단 이후부터는 왕복뜨기를 한다.
X = 짧은뜨기 이랑뜨기(p.18)

완성하기

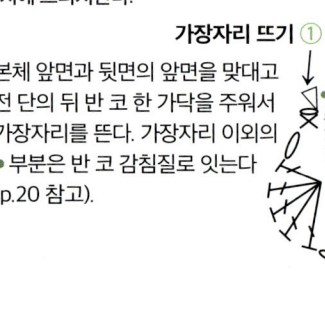

고리
눈은 갈색으로 블리온 노트 스티치【4번 감기】를 한다(p.21 참고).
※ 반대쪽도 같은 위치에 스티치한다.
본체
17.5cm
13cm

볏 / 고리
부리
※ 부리는 따로 떠서 정해진 위치에 단다.
안쪽을 통과한다.
본체

가장자리 뜨기 ①
본체 앞면과 뒷면의 앞면을 맞대고 전 단의 뒤 반 코 한 가닥을 주워서 가장자리를 뜬다. 가장자리 이외의 ● 부분은 반 코 감침질로 잇는다 (p.20 참고).

50·51 병아리

◆ 사용 실(색상 번호)　후지큐 위스터 졸리 타임 II
50 레몬색(4)…15g, 갈색(20)…2g, 분홍(31)…조금
51 크림색(3)…15g, 갈색(20)…2g, 노란색(30)…조금

◆ 코바늘 8호
◆ 완성 크기(가로×세로)　14 × 19cm

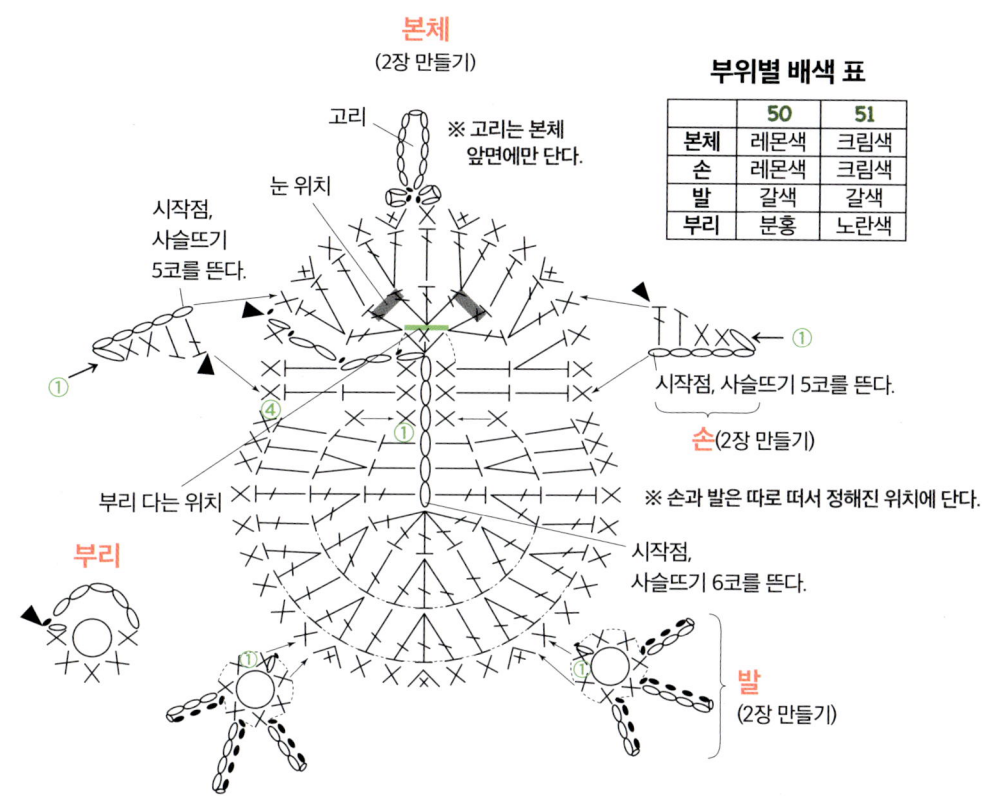

부위별 배색 표

	50	51
본체	레몬색	크림색
손	레몬색	크림색
발	갈색	갈색
부리	분홍	노란색

완성하기

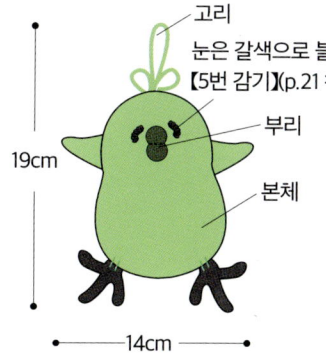

눈은 갈색으로 블리온 노트 스티치 【5번 감기】(p.21 참고)를 한다.

① 본체 앞면에 부리를 꿰맨다.
② 본체 앞면에 눈을 스티치한다.
③ 본체 2장을 겉을 맞대어 각 코의 뒤반코 한 가닥을 주워 감침질로 잇는다(p.20 참고).
④ 손과 발을 본체의 정해진 위치에 꿰맨다.

52·53 햇병아리

- ◈ 사용 실(색상 번호) 후지큐 위스터 졸리 타임Ⅱ
- **52** 크림색(3)…11g, 오프화이트(2)…7g, 갈색(20)·노란색(30)…조금씩, 채우기 실…8g
- **53** 레몬색(4)…11g, 연갈색(37)…7g, 갈색(20)·노란색(30)…조금씩, 채우기 실…8g
- ◈ 코바늘 8호
- ◈ 완성 크기(가로×세로) 12 × 14cm

배색 표

	52	53
몸통·고리	크림색	레몬색
달걀 껍데기	오프화이트	연갈색
부리	노란색	노란색

몸통 콧수

단수	콧수	콧수 증감
17	6	−5
16	11	−11
11~15	22	
10	22	−2
9	그림참조	
6~8	24	
5	24	+6
4	18	
3	18	+6
2	12	+6
1	6	

몸통

※ 뜨기가 끝나면 채우기 실을 넣는다.
꼬리실은 마지막 단을 통과해 오므린다(p.24 참고).

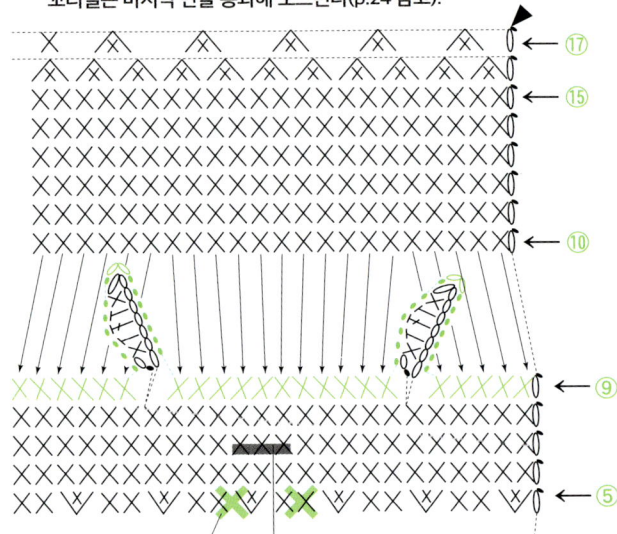

※ 8·9단 뜨는 법은 p.27을 참고한다.
부리 다는 위치
눈 위치

고리

※ 몸통과 고리는 따로 만들어 정해진 위치에 단다.

부리

완성하기

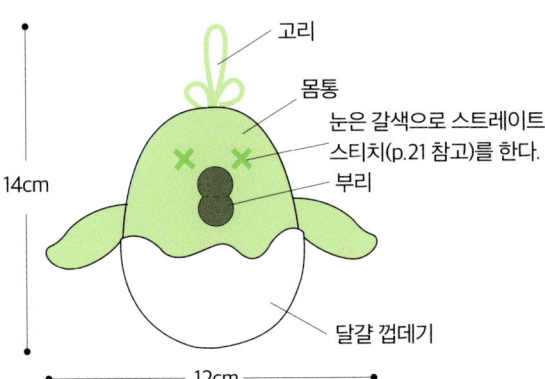

- 고리
- 몸통
- 눈은 갈색으로 스트레이트 스티치(p.21 참고)를 한다.
- 부리
- 달걀 껍데기

14cm / 12cm

① 부리는 몸통에 꿰맨다.
② 눈은 스티치한다.
③ 달걀 껍데기에 몸통을 넣고 달걀 껍데기 8단과 꿰맨다.

달걀 껍데기

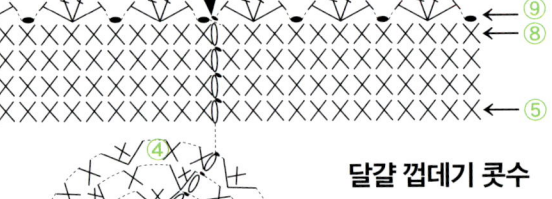

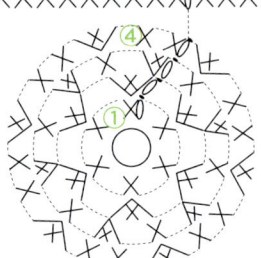

달걀 껍데기 콧수

단수	콧수	콧수 증감
9	무늬 6개	
5~8	24	
4	24	+6
3	18	+6
2	12	+6
1	6	

54·55 달걀 프라이

◆ 사용 실(색상 번호) 후지큐 위스터 졸리 타임 II
54 오프화이트(2)…17g, 크림색(3)…4g, 레몬색(4)…2g
55 오프화이트(2)…17g, 레몬색(4)…4g, 노란색(30)…2g

◆ 코바늘 8호
◆ 완성 크기(가로×세로) 12 × 14cm

부위별 배색 표

	54	55
흰자(앞·뒤)	오프화이트	오프화이트
노른자	크림색	레몬색
노른자 테두리	레몬색	노란색

흰자 콧수

단수	콧수	콧수 증감
8	47	+5
7	42	+6
6	36	+6
5	30	+6
4	24	+6
3	18	+6
2	12	+6
1	6	

노른자
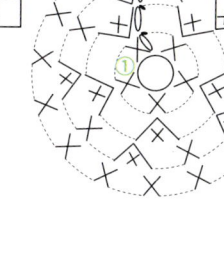

노른자 테두리

흰자 앞면
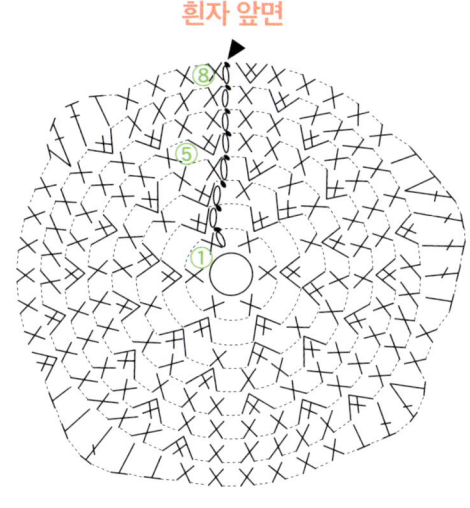

흰자 뒷면
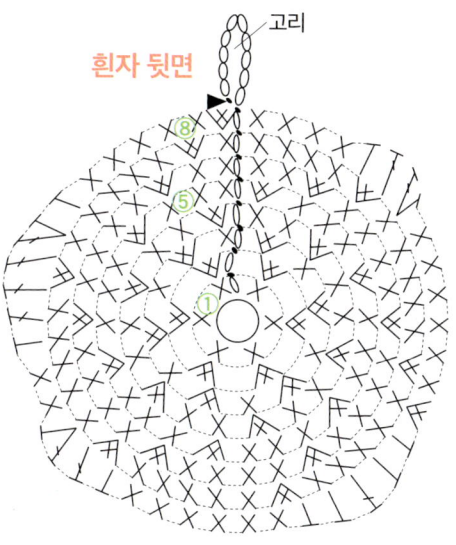

완성하기

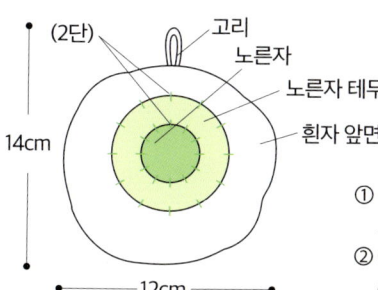

① 흰자 앞면 위에 노른자 테두리를 올려 꿰매고 그 위에 균형을 잘 맞춰서 노른자를 꿰맨다.
② ①과 흰자 뒷면을 겹쳐 각각 뒤 반 코를 한 가닥씩 주워서 감침질로 잇는다(p.20 참고).

펠리컨 & 물고기

Design & Making… 오카 마리코

물고기 무리를 쫓는 펠리컨이 깜찍하네요!
작은 수세미는 구석구석 꼼꼼히 청소할 때 안성맞춤이랍니다.

앵무새

Design & Making··· 오카 마리코

알록달록 예쁜 앵무새들이에요.
즐거운 수다 소리가 들리는 것 같지 않나요?
다양한 색상이 아름다운 앵무새로
주방을 한층 더 밝고 활기차게 꾸며보세요.

62

61

63

64

56·57 펠리컨

◆ 사용 실(색상 번호) 후지큐
56 위스터 컬러풀 메이트 - 오프화이트(52)…7g, 연분홍(57)…3g, 위스터 졸리 타임 II - 검은색(10)…조금
57 위스터 컬러풀 메이트 - 오프화이트(52)…7g, 레몬색(87)…3g, 위스터 졸리 타임 II - 검은색(10)…조금

◆ 코바늘 8호
◆ 완성 크기(가로×세로) 15 × 12cm

부위별 배색 표

	56	57
몸통	오프화이트	오프화이트
다리	연분홍	레몬색
날개(─)	오프화이트	오프화이트
날개(─)	검은색	오프화이트
부리	연분홍	레몬색

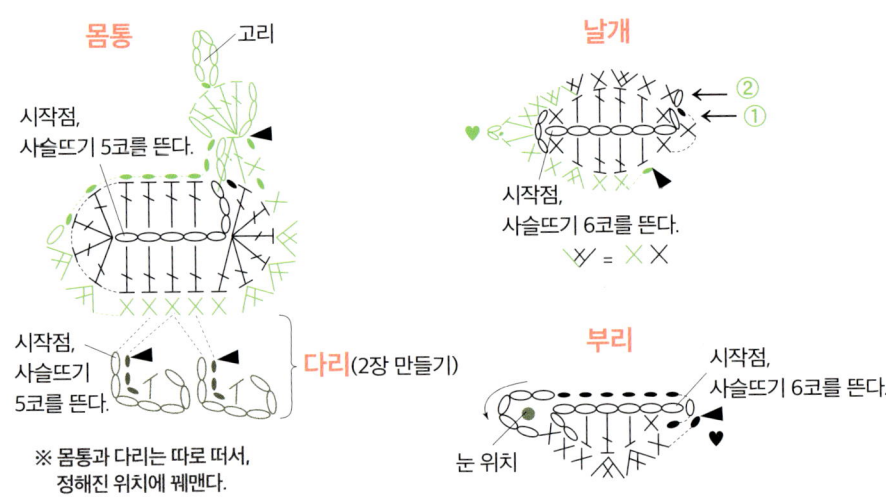

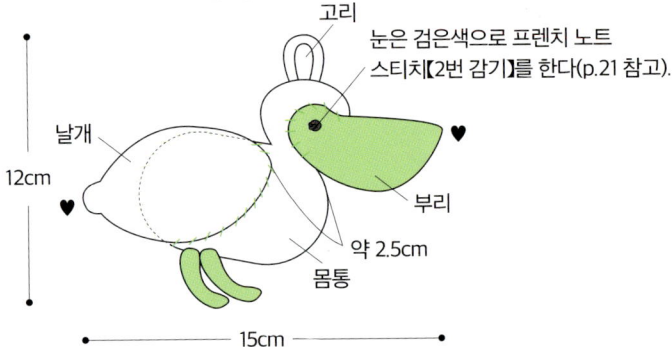

① 몸통에 날개와 부리를 올려놓고 겹친 부분을 꿰맨다.
② 눈을 스티치한다.

58·59·60 물고기

◆ **사용 실(색상 번호)** 후지큐
58 위스터 컬러풀 메이트 - 다홍색(61)…6g, 위스터 졸리 타임Ⅱ - 검은색(10)…조금
59 위스터 컬러풀 메이트 - 밝은 하늘색(81)…6g, 위스터 졸리 타임Ⅱ - 검은색(10)…조금
60 위스터 컬러풀 메이트 - 파란색(83)…6g, 위스터 졸리 타임Ⅱ - 검은색(10)…조금
◆ 코바늘 8호
◆ 완성 크기(가로×세로) 11.5 × 9cm

본체 배색 표

	58	59	60
본체	다홍색	밝은 하늘색	파란색

본체

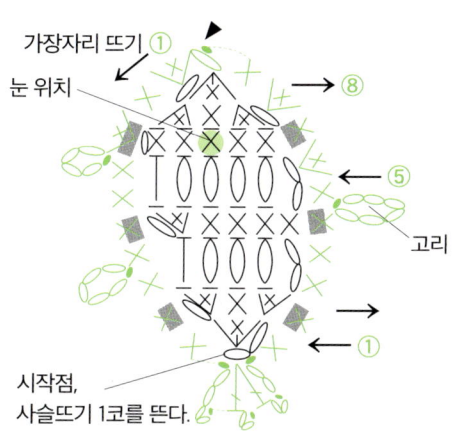

× · ⋀ · I · ◊ = 전 단의 코머리 뒤 반 코를 주워서 뜬다.
✕ 가장자리 뜨기 = × · I 를 뜬 전 단의 뒤 반 코를 주워서 뜬다.

완성하기

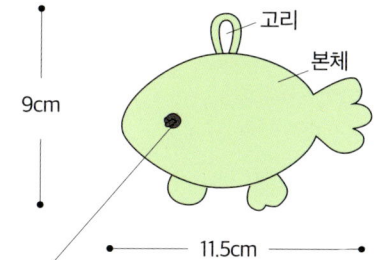

눈은 검은색으로 프렌치 노트 스티치【2번 감기】를 한다(p.21 참고).

61·62·63·64 앵무새

◆ 사용 실(색상 번호) 후지큐 위스터 졸리 타임 II
61 다홍색(16)…10g, 하늘색(11)…2g, 크림색(3)·연두색(25)…1g씩, 검은색(10)…조금, 채우기 실…4g
62 분홍(31)…10g, 오프화이트(2)…4g, 다홍색(16)…1g, 검은색(10)…조금, 채우기 실…4g
63 노란색(30)…6g, 연두색(25)…4g, 레몬색(4)·파란색(9)…2g씩, 검은색(10)…조금, 채우기 실…4g
64 다홍색(16)…10g, 파란색(9)…3g, 레몬색(4)…2g, 크림색(3)…1g, 검은색(10)…조금, 채우기 실…4g

◆ 코바늘 7호

◆ 완성 크기(세로) 14cm

부위별 배색 표

	61	62	63	64
본체(―)	다홍색	분홍	레몬색	다홍색
본체(―)	다홍색	분홍	노란색	다홍색
고리	다홍색	다홍색	노란색	다홍색
날개	p.85 날개 배색 표 참고			
꼬리	하늘색	★	파란색	파란색
다리	크림색	오프화이트	파란색	파란색
부리	크림색	오프화이트*	파란색	크림색

＊ = 시작코만 다홍색으로 뜬다
★ = 1~3단 오프화이트, 4단 분홍

본체 콧수

단수	콧수	콧수 증감
18	7	-7
14~17	14	
13	14	-2
12	16	
11	16	-2
8~10	18	
7	18	+3
6	15	+3
5	12	
4	12	+3
3	9	
2	9	+3
1	6	

본체

※ 고리는 몸통에서 연결해서 뜬다.
본체의 ●와 ●안쪽의 반 코를 하나씩 주워서 뜬다.

※ 모두 뜬 후 채우기 실을 넣고 꼬리실을 마지막 단 코머리의 바깥쪽 반 코를 1코씩 주워 모든 코를 통과해 오므린다(p.24 참고).

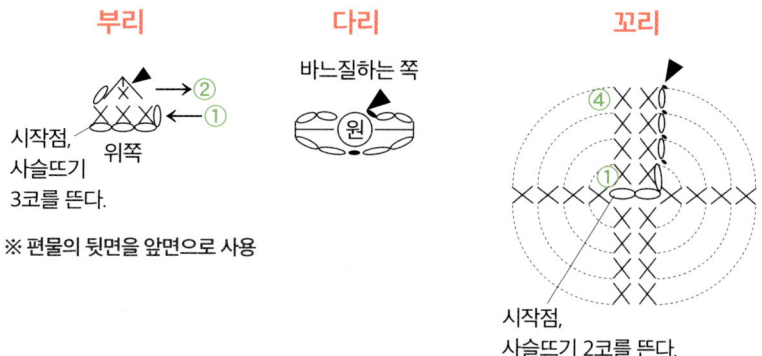

날개

날개 배색 표

단수	61	62	63	64
5	하늘색	오프화이트	연두색	파란색
4	연두색	오프화이트	연두색	레몬색
3	다홍색	오프화이트	연두색	다홍색
2	다홍색	분홍	연두색	다홍색
1	다홍색	분홍	연두색	다홍색
시작코	다홍색	분홍	연두색	다홍색

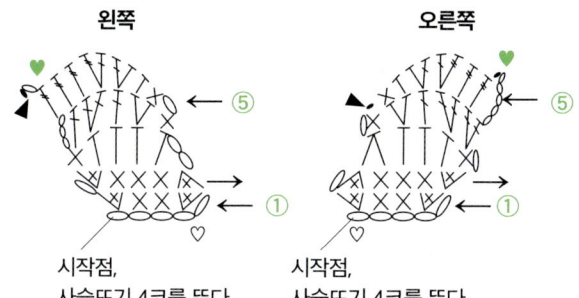

완성하기

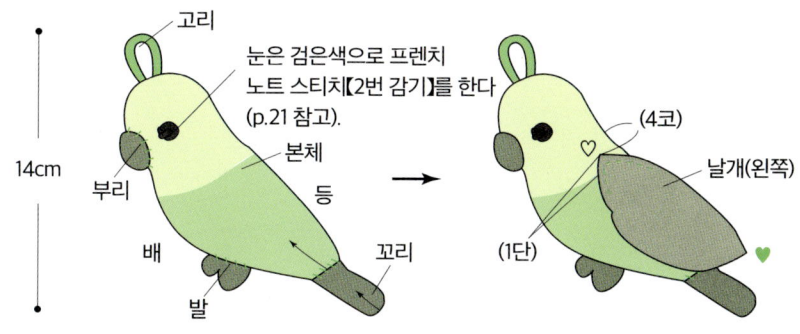

① 꼬리를 떠서 본체 1단에 씌운 다음에 바느질한다.
② 다리와 부리는 본체의 정해진 위치에 꿰맨다.
③ 본체에 날개(왼쪽·오른쪽)는 윗부분(♥)을 꿰맨다.
④ 눈을 스티치한다.

키위 & 키위새

Design & Making… 이마무라 요코

'키위'하면 생각나는 과일은 그 이름이
뉴질랜드 새인 '키위'에서 유래되었대요.
그러고 보니 까슬까슬한 털이 똑 닮았네요.
주방에 나란히 놓아두고 싶어지는 형제 같은 수세미예요.

65
66
67
68

공작새 & 공작새 깃털

Design & Making… 이마무라 요코

이국적인 분위기의 공작새와 공작새 깃털이에요.
넓적하고 큼지막한 수세미는
큰 접시를 감싸서 닦을 수 있어 편리하지요.

65·66 키위

◆ **사용 실(색상 번호)** 후지큐 위스터 컬러풀 메이트
65 갈색(67)…10g, 연두색(63)…6g, 검은색(72)…3g, 오프화이트(52)…1g
66 풀색(88)…10g, 황토색(56)…6g, 검은색(72)…3g, 오프화이트(52)…1g

◆ **코바늘** 8호

◆ **완성 크기(가로×세로)** 10 × 10cm

앞면 콧수

단수	콧수	콧수 증감
4	36	+12
3	24	
2	24	+12
1	12	

뒷면 콧수

단수	콧수	콧수 증감
3	36	+12
2	24	+12
1	12	

앞면

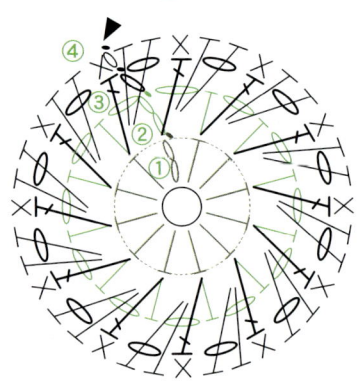

뒷면

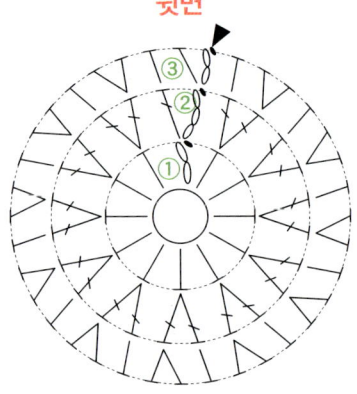

앞면 배색 표

단수	65	66
4	연두색	황토색
3	연두색	황토색
2	검은색	검은색
1	오프화이트	오프화이트

뒷면 배색 표

65	66
갈색	풀색

본체 앞면 뜨는 법

3단 … 한길긴뜨기는 2단 사슬을 감싸듯이 해
1단 긴뜨기의 코머리를 주워서 뜬다(p.29 참고).
4단 … 긴뜨기는 3단의 사슬을 감싸듯이 2단 사슬 아래에
바늘을 넣어 코를 주워서 뜬다(p.29 참고).

완성하기

본체 앞면과 본체 뒷면의 겉면을 맞대어
각각 마지막 단의 뒤 반 코 1가닥을 주워
본체 뒷면 색실로 빼뜨기해 연결한다(36코).

본체 앞면

10cm

67·68 키위새

◆ 사용 실(색상 번호) 후지큐 위스터 컬러풀 메이트
67 오프화이트(52)…22g, 베이지(54)…4g, 검은색(72)…조금, 채우기 실…13g
68 갈색(67)…22g, 황토색(56)…4g, 검은색(72)…조금, 채우기 실…13g

◆ 코바늘 7호

◆ 완성 크기(가로×세로) 9 × 12cm

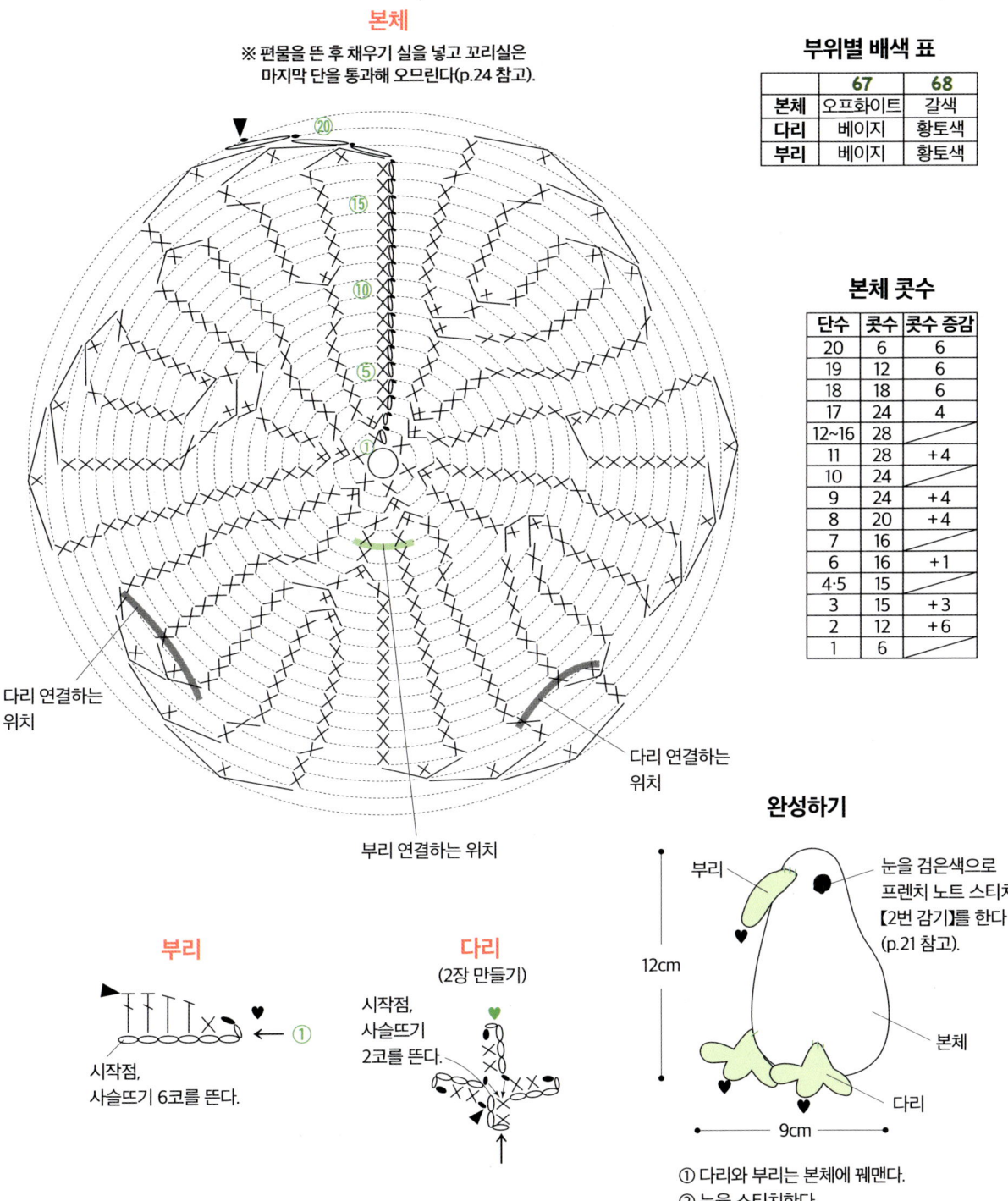

부위별 배색 표

	67	68
본체	오프화이트	갈색
다리	베이지	황토색
부리	베이지	황토색

본체 콧수

단수	콧수	콧수 증감
20	6	6
19	12	6
18	18	6
17	24	4
12~16	28	
11	28	+4
10	24	
9	24	+4
8	20	+4
7	16	
6	16	+1
4·5	15	
3	15	+3
2	12	+6
1	6	

① 다리와 부리는 본체에 꿰맨다.
② 눈을 스티치한다.

69·70 공작새

- ◆ 사용 실(색상 번호) 후지큐 위스터 컬러풀 메이트
- **69** 연갈색(86)…14g, 하늘색(78)…8g, 검은색(72)…6g, 보라색(69)…4g
- **70** 오프화이트(52)…14g, 레몬색(87)…8g, 연두색(63)…6g, 밝은 빨간색(76)…4g
- ◆ 코바늘 7호
- ◆ 완성 크기(가로×세로) 24 × 17cm

날개 배색 표

단수	69	70
장식	연갈색	오프화이트
6	하늘색	레몬색
5	보라색	연두색
4	검은색	밝은 빨간색
1~3	연갈색	오프화이트

날개 뜨는 법
① 본체를 뜬다.
② p.30을 참고해서 장식을 뜬다.

몸통 배색 표

69	70
검은색	연두색

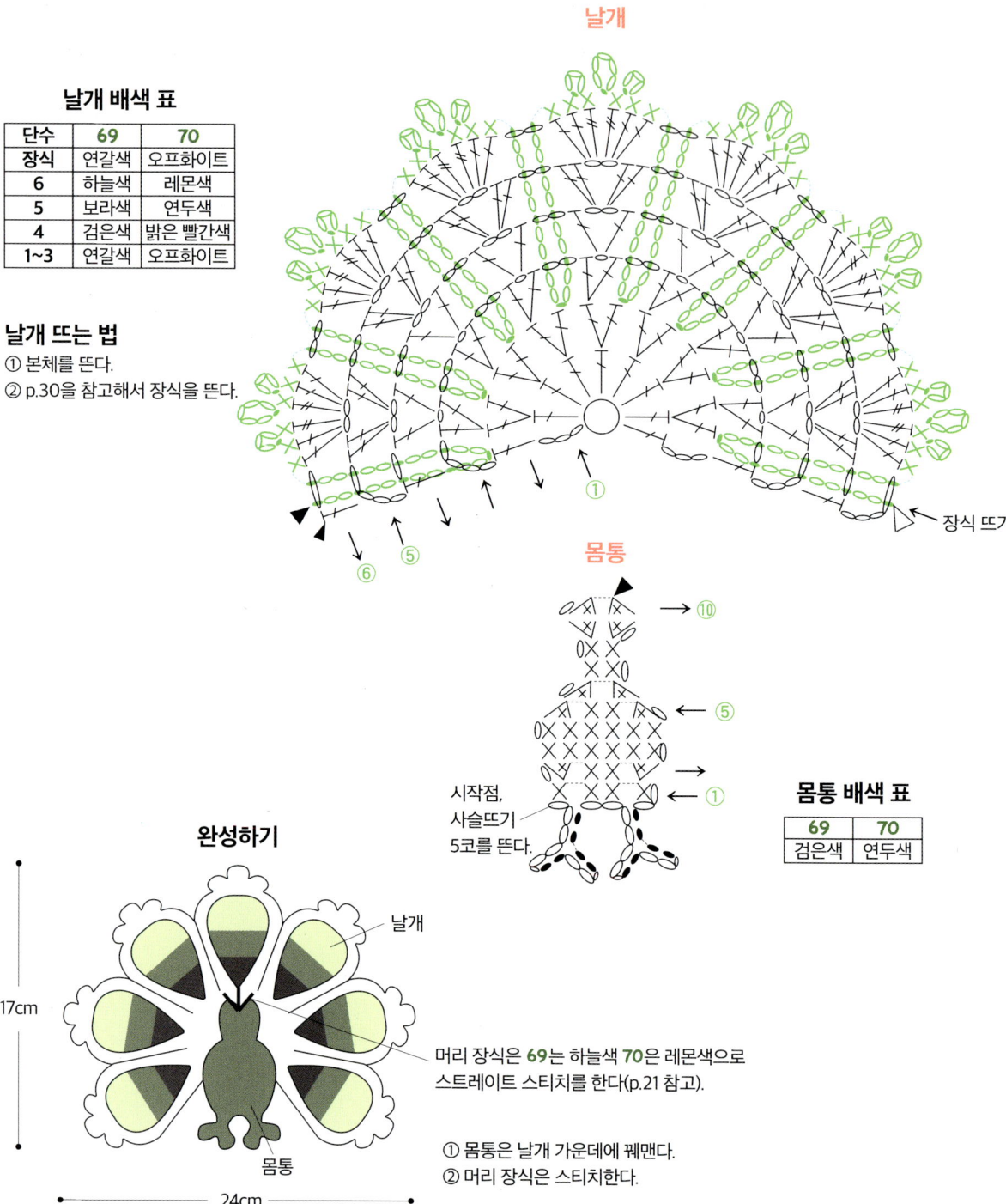

머리 장식은 **69**는 하늘색 **70**은 레몬색으로 스트레이트 스티치를 한다(p.21 참고).

① 몸통은 날개 가운데에 꿰맨다.
② 머리 장식은 스티치한다.

71·72·73 공작새 깃털

◆ **사용 실(색상 번호)** 후지큐 위스터 컬러풀 메이트
71 적갈색(66)···4g, 노란색(55)·보라색(69)·풀색(88)···3g씩
72 크림색(53)···4g, 흰색(51)·밝은 하늘색(81)·레몬색(87)···3g씩
73 초록색(79)···4g, 연한 파란색(58)·파란색(83)·레몬색(87)···3g씩

◆ **코바늘** 7호

◆ **완성 크기(가로×세로)** 10 × 14cm

깃털 배색 표

단수	71	72	73
4	적갈색	크림색	초록색
3	풀색	레몬색	연한 파란색
2	노란색	흰색	레몬색
1	보라색	밝은 하늘색	파란색

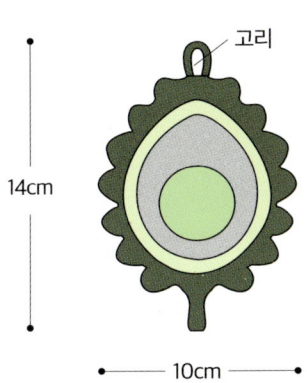

※ 깃털마다 색 배열이 다르므로 배색 표를 참고한다.

= 빼뜨기는 사슬산을 주워서 빼뜨기 한다.

올빼미 & 칡부엉이

Design & Making… 오카 마리코

이쪽을 뚫어지게 쳐다보는 모습이 귀여운 올빼미 수세미입니다.
장갑형 수세미라서 다양하게 활용할 수 있어요!

문조 & 참새

Design & Making … 오카 마리코

새초롬하니 앙증맞은 모양에 저절로 마음이 포근해지네요.
사용하지 않을 때는 줄에 걸어 장식해보세요.

79

80

81

82

74·75·76·77·78 올빼미 & 칡부엉이

◆ 사용 실(색상 번호) 하마나카 보니
74 갈색(483)…11g, 연갈색(480)…8g, 베이지(417)…6g, 검은색(402)…조금
75 연갈색(480)…11g, 베이지(417)…8g, 미색(442)…6g, 검은색(402)…조금
76 진회색(481)…11g, 회색(486)…9g, 미색(442)…7g, 검은색(402)…조금
77 겨자색(491)…10g, 베이지(417)·진회색(613)…9g씩, 검은색(402)…조금
78 흑갈색(419)…10g, 옐로우 베이지(406)…9g, 미색(442)…8g, 검은색(402)…조금

◆ 코바늘 7호

◆ 완성 크기(가로×세로) 10×14cm, 10×16cm

부위별 배색 표

	74	75	76	77	78
본체 1·4단(──)	베이지	미색	미색	진회색	흑갈색
본체 2·5·7단(──)	연갈색	베이지	회색	베이지	미색
본체 3·6·8·9·10(──)	갈색	연갈색	진회색	겨자색	옐로우베이지
다리	갈색	연갈색	진회색	진회색	흑갈색
귀				진회색	흑갈색
흰자위 1단	베이지	미색	미색		
흰자위 2단	연갈색	베이지	회색		
얼굴 1·2단				베이지	미색
얼굴 3단				진회색	흑갈색
프렌치 노트 스티치(검은자위)	검은색	검은색	검은색	검은색	검은색
스트레이트 스티치(부리)	베이지(2줄로)	미색(2줄로)	미색(2줄로)	겨자색(2줄로)	옐로우베이지(2줄로)

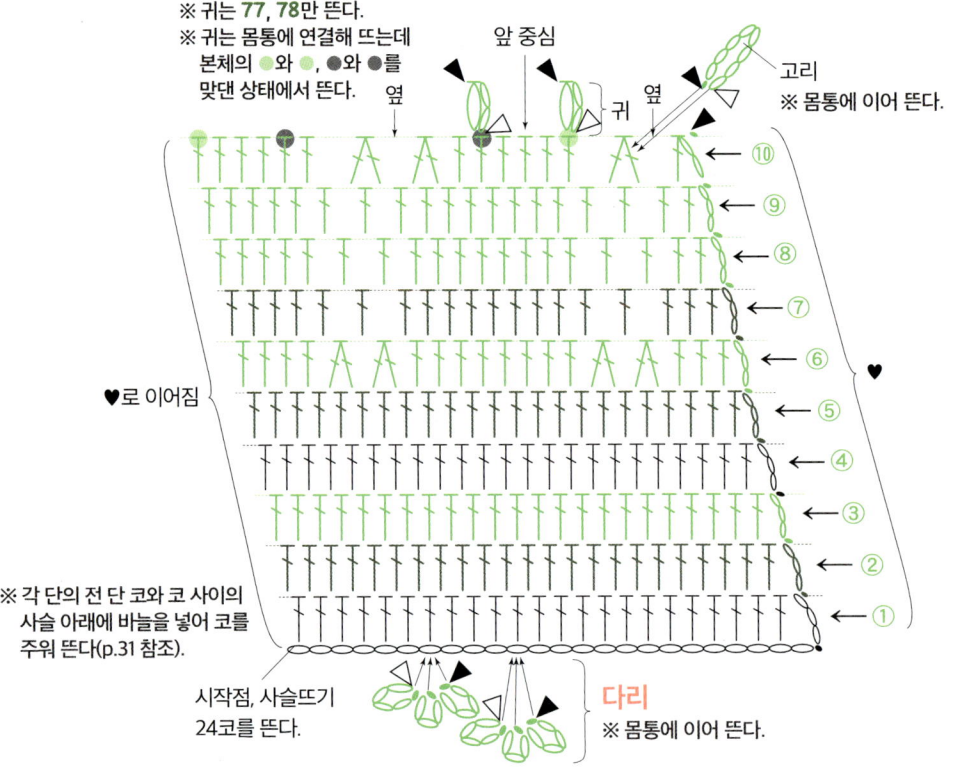

74·75·76 흰자위
(2장 만들기)

77·78 얼굴
시작점, 사슬뜨기 2코를 뜬다.

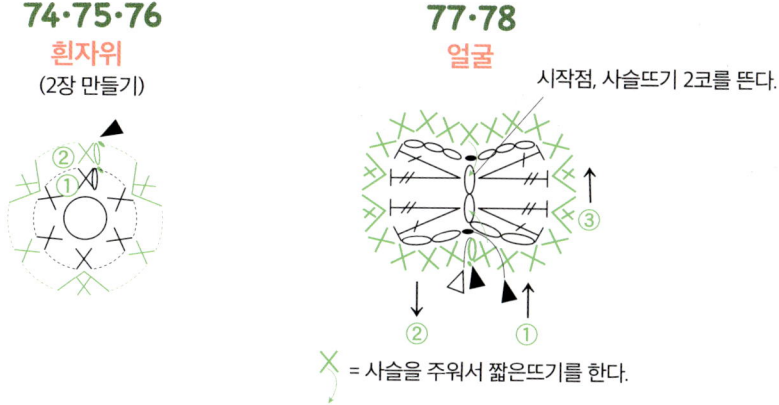

✕ = 사슬을 주워서 짧은뜨기를 한다.

74·75·76 완성하기

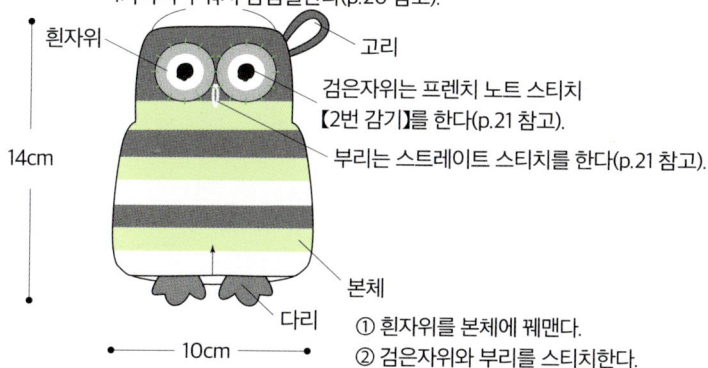

마지막 단 코머리의 뒤 반 코를 1가닥씩 주워서 감침질한다(p.20 참고).
- 흰자위
- 고리
- 검은자위는 프렌치 노트 스티치 【2번 감기】를 한다(p.21 참고).
- 부리는 스트레이트 스티치를 한다(p.21 참고).
- 본체
- 다리
- 14cm / 10cm

① 흰자위를 본체에 꿰맨다.
② 검은자위와 부리를 스티치한다.

77·78 완성하기

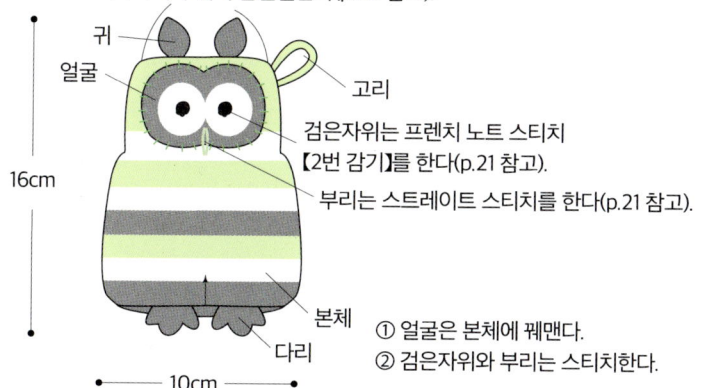

마지막 단 코머리의 뒤 반 코를 1가닥씩 주워서 감침질한다(p.20 참고).
- 귀
- 얼굴
- 고리
- 검은자위는 프렌치 노트 스티치 【2번 감기】를 한다(p.21 참고).
- 부리는 스트레이트 스티치를 한다(p.21 참고).
- 본체
- 다리
- 16cm / 10cm

① 얼굴은 본체에 꿰맨다.
② 검은자위와 부리는 스티치한다.

79·80·81·82 문조 & 참새

◆ 사용 실(색상 번호) DARUMA
79 카페 키친 - 회색(23)…4g, 흰색(1)·검은색(17)…2g씩, 카페 키친 꽃바구니 - 분홍계열 멀티컬러(101)…1g
80 카페 키친 - 흰색(1)…6g, 검은색(17)…조금, 카페 키친 꽃바구니 - 분홍계열 멀티컬러(101)…1g
81 카페 키친 - 미색(2)·베이지(3)…3g씩, 흰색(1)·검은색(17)…1g씩
82 카페 키친 - 갈색(4)…4g, 민트그린(19)…2g, 흰색(1)·검은색(17)…1g씩

◆ 코바늘 7호
◆ 완성 크기(가로×세로) 8 × 14cm

79·80 부위별 배색 표

	79	80
본체·날개(━━)	회색	흰색
본체(━━)	분홍계열 멀티컬러	분홍계열 멀티컬러
본체(━)	검은색	흰색
본체(━)	흰색	흰색

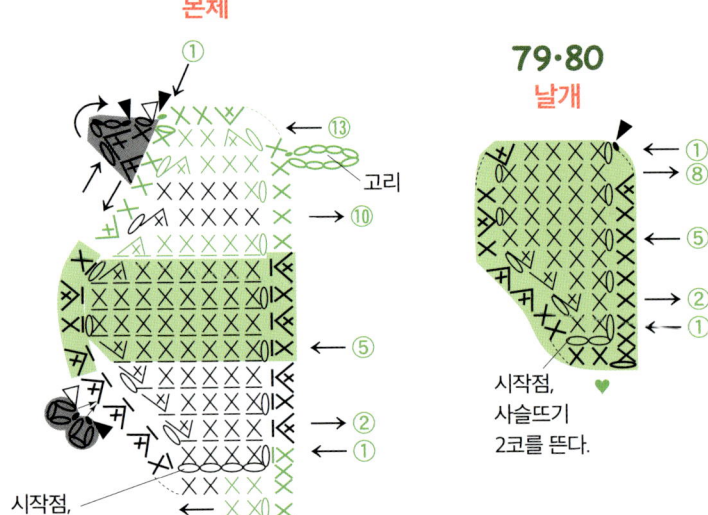

X = 홀수 단은 뒤 반 코, 짝수 단은 앞 반 코를 주워 뜬다. (81·82도 동일).

X · ⅴ (가장자리 뜨기) = 본체 이랑뜨기 할 때 끼운 반 코를 똑같이 주워 뜬다(81·82도 동일).

79·80 완성하기

검은자위는 검은색으로 프렌치 노트 스티치 【2번 감기】를 한다 (p.21 참고).

흰자위는 검은자위를 둘러싸듯이 분홍계열 멀티컬러로 레이지 데이지 스티치를 한다 (p.21 참고).

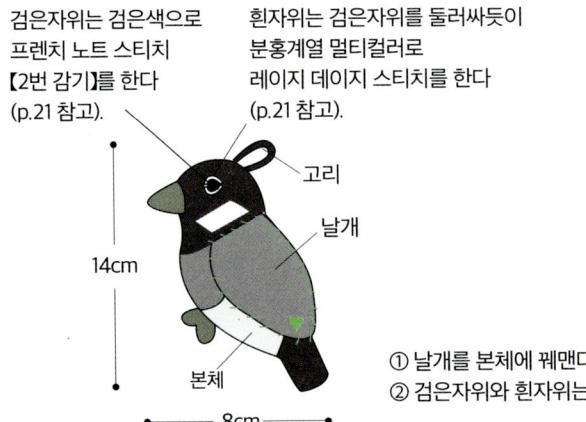

① 날개를 본체에 꿰맨다.
② 검은자위와 흰자위는 스티치한다.

81·82
부위별 배색 표

	81	82
본체·날개(―)	베이지	갈색
본체·날개(▬)	검은색	검은색
본체(―)	흰색	흰색
본체(―)	미색	민트그린

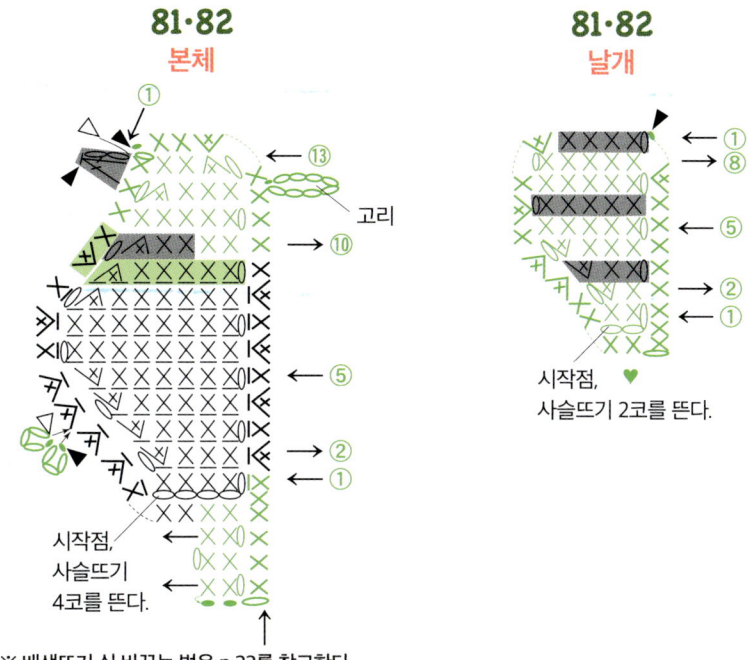

※ 배색뜨기 실 바꾸는 법은 p.22를 참고한다.

81·82
완성하기

① 날개를 본체에 꿰맨다.
② 검은자위를 스티치한다.

깃털

Design & Making… 이마무라 요코

하나하나 다른 분위기를 지닌
개성 만점 깃털이에요.
다양한 색 조합으로
나만의 개성을 표현해보면 어떨까요?

83·84·85·86·87 깃털

◆ 사용 실(색상 번호) DARUMA 카페 키친
83 빨간색(15)·겨자색(18)···4g씩, 진녹색(8)···3g
84 연한 파란색(9)···9g, 흰색(1)···2g, 라벤더(13)···1g
85 자주색(14)···8g, 연두색(53)···4g, 흰색(1)···1g
86 흰색(1)···8g, 네온핑크(22)···3g, 진녹색(8)···1g
87 초록색(52)·연두색(53)···4g씩, 레몬옐로우(54)···3g

◆ 코바늘 7호
◆ 완성 크기(가로×세로) 8.5×25cm

배색 표

단수	83	84	85	86	87
13	진녹색	연한 파란색	연두색	흰색	레몬옐로우
12	진녹색	연한 파란색	연두색	흰색	레몬옐로우
11	빨간색	연한 파란색	연두색	흰색	레몬옐로우
10	빨간색	연한 파란색	자주색	흰색	레몬옐로우
9	빨간색	연한 파란색	자주색	흰색	레몬옐로우
8	빨간색	연한 파란색	연두색	흰색	연두색
7	빨간색	연한 파란색	연두색	흰색	연두색
6	겨자색	흰색	흰색	네온핑크	연두색
5	진녹색	라벤더	자주색	흰색	연두색
4	진녹색	흰색	자주색	진녹색	초록색
3	겨자색	연한 파란색	자주색	네온핑크	초록색
2	겨자색	연한 파란색	자주색	흰색	초록색
1	겨자색	연한 파란색	자주색	흰색	초록색
시작코	겨자색	연한 파란색	자주색	흰색	초록색

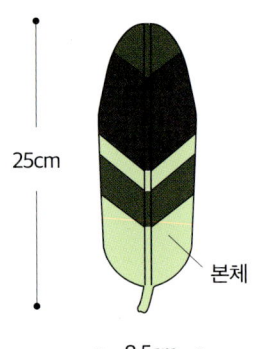

25cm / 8.5cm / 본체

※ 깃털마다 색 배열이 다르므로 배색 표를 참고한다.

본체

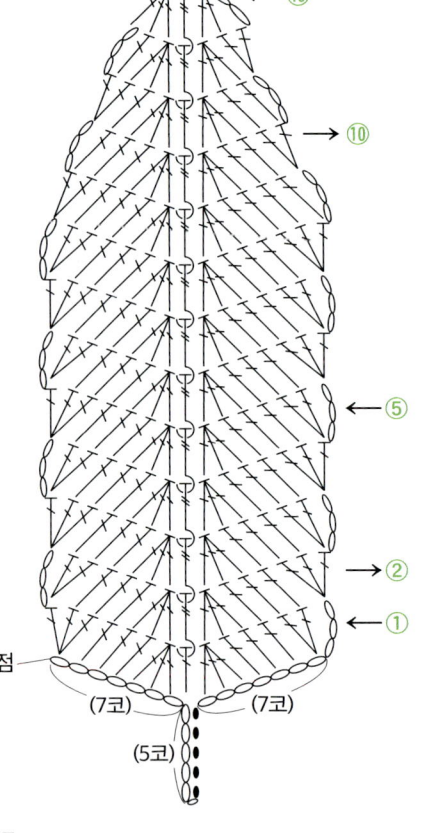

뜨개 시작점 (7코) (7코) (5코)

= 두길긴뜨기 앞걸어뜨기를 한다(p.19 참고).

88·89 딱따구리

◆ **사용 실(색상 번호)** DARUMA 카페 키친
88 흰색(1)…8g, 남색(21)·초록색(52)…5g씩, 진녹색(8)·빨간색(15)…조금씩, 채우기 실…3g
89 레몬옐로우(54)…8g, 라벤더(13)·겨자색(18)…5g씩, 진녹색(8)·남색(21)…조금씩, 채우기 실…3g

◆ **코바늘** 7호

◆ **기타 준비물** 나무젓가락(20cm 정도 길이)…1개

◆ **완성 크기(세로)** 20cm

부위별 배색 표

	88	89
몸통	흰색	레몬옐로우
날개	남색	겨자색
다리	진녹색	
가지	초록색	라벤더

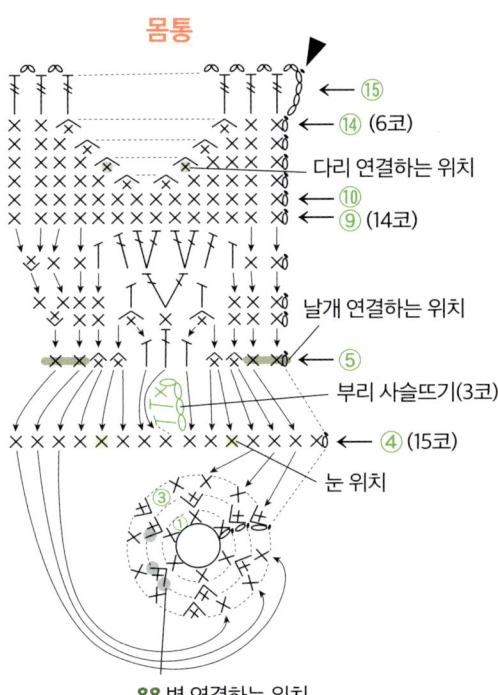

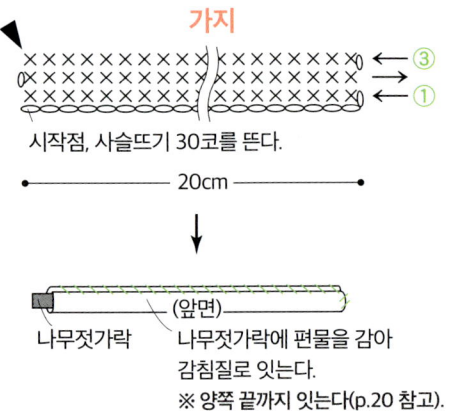

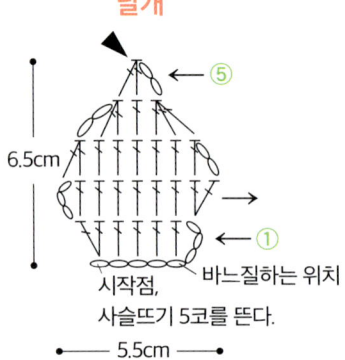

88
볏 프린지 다는 법

반으로 접은 고리 부분을
앞에서 뒤쪽으로 통과시킨 후
고리 사이에 실 끝을 넣어 조인다.

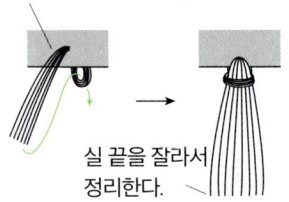

실 끝을 잘라서 정리한다.

88·89
완성하기

① 몸통에 채우기 실을 넣는다.
② 정해진 위치에 날개를 바느질로 고정한다.
③ 눈은 스티치한다.
④ 부리 끝과 다리로 몸통과 가지를 연결한다.

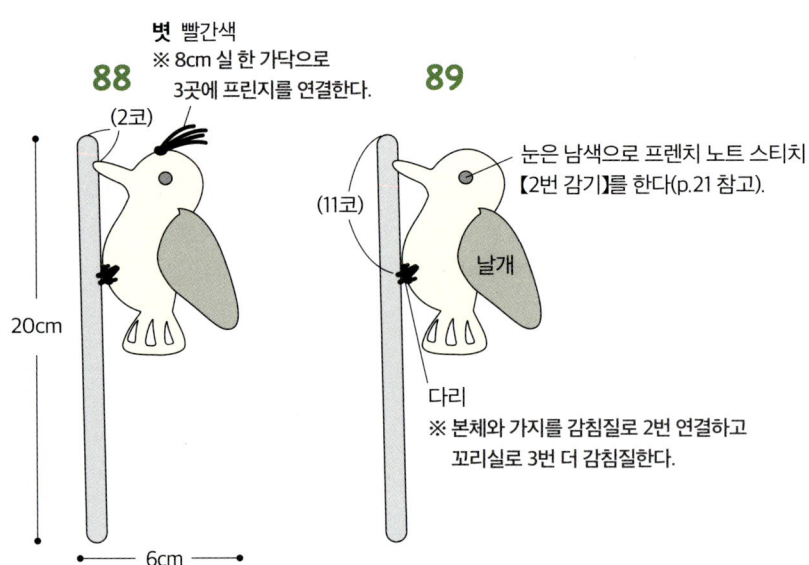

90·91 나무

◆ **사용 실(색상 번호)** DARUMA 카페 키친
90 흰색(1)·겨자색(18)···6g씩
91 진녹색(8)·연두색(53)···6g씩

◆ **코바늘** 7호
◆ **기타 준비물** 나무젓가락(20cm 정도 길이)···1개
◆ **완성 크기(세로)** 20cm

부위별 배색 표

	90	91
줄기	흰색	진녹색
가지	흰색	진녹색
잎사귀 A	겨자색	
잎사귀 B		연두색

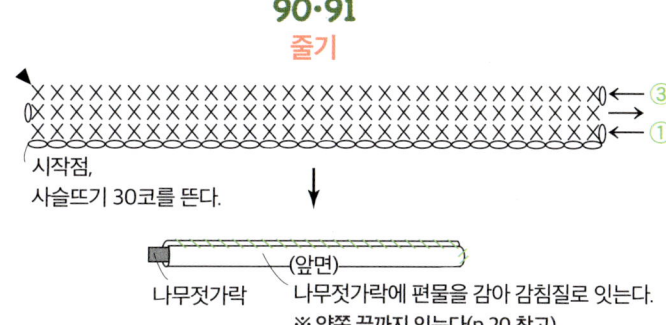

90·91 줄기

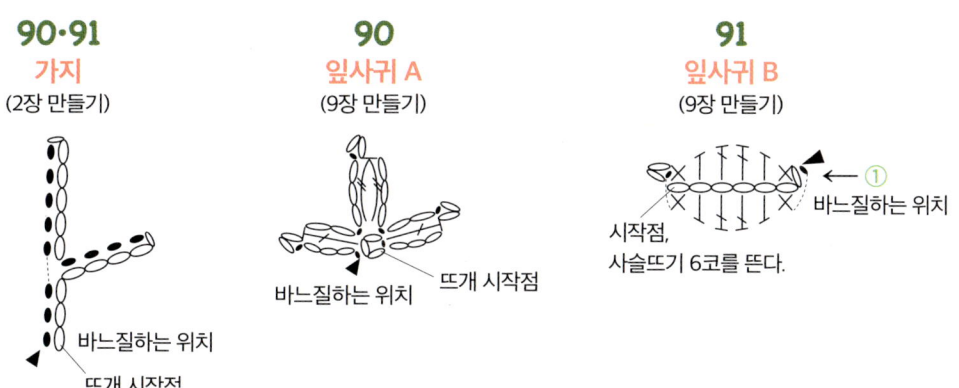

90·91 가지 (2장 만들기)
90 잎사귀 A (9장 만들기)
91 잎사귀 B (9장 만들기)

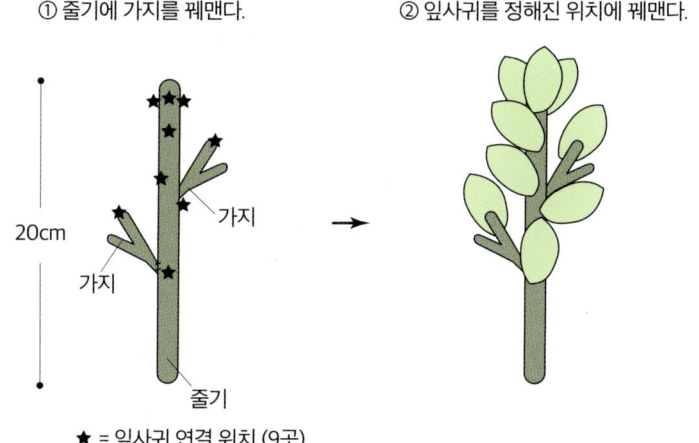

90·91 완성하기

① 줄기에 가지를 꿰맨다.
② 잎사귀를 정해진 위치에 꿰맨다.

★ = 잎사귀 연결 위치 (9곳)

오리 가족 미니어처 먼지 청소 인형

Design & Making… 아미구루미 보쿠죠

탁자 청소에 적합한 미니어처 먼지 청소 인형입니다.
오리 가족이 탁자 위 먼지를 깔끔하게 닦아준답니다.

손가락 인형 클리너

Design & Making··· 아미구루미 보쿠죠

손가락 인형 타입으로 전자 기기 액정을 닦기 좋은 아이에요.
개성 넘치는 새들이
여러분의 청소를 도와줄 거예요.

92·93 오리 가족 미니어처 먼지 청소 인형(엄마, 아빠)

◆ 사용 실(색상 번호) 하마나카 피콜로
92 진베이지(38)…6g, 흑갈색(17)…2g, 겨자색(27)…1g, 검은색(20)…조금, 채우기 실…4g
93 흰색(1)…8g, 겨자색(27)·연노란색(41)…1g씩, 검은색(20)…조금, 채우기 실…4g
◆ 코바늘 3호, 4호
◆ 완성 크기(가로×세로) 6.5 × 6cm

부위별 배색 표

	92	93
머리	진베이지 (1·2단만 흑갈색)	흰색
몸통	진베이지	흰색
날개	흑갈색· 진베이지 2가닥 같이	흰색· 연노란색 2가닥 같이
부리	겨자색	겨자색

※ 부리는 3호, 그 외에는 4호 코바늘로 뜬다.

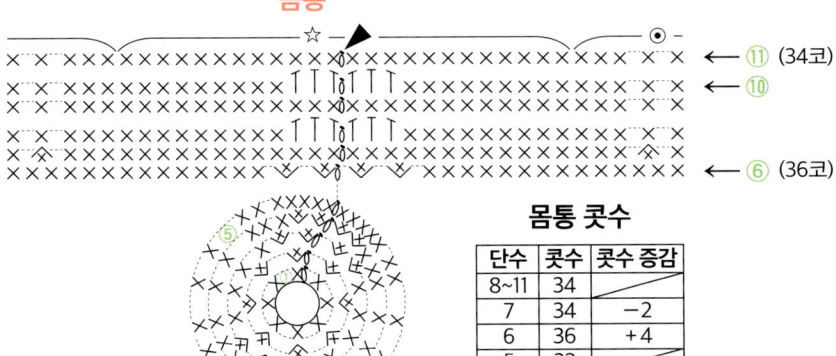

몸통 콧수

단수	콧수	콧수 증감
8~11	34	
7	34	−2
6	36	+4
5	32	
4	32	+8
3	24	+8
2	16	+8
1	8	

머리

머리 콧수

단수	콧수	콧수 증감
7·8	10	
6	10	−5
4·5	15	
3	15	+5
2	10	+5
1	5	

부리(공통)

※ 3호 코바늘

왼쪽 날개

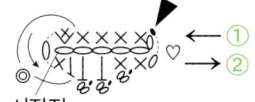

시작점,
사슬뜨기 5코를 뜬다.

◎ = 몸통에 꿰맨다

오른쪽 날개

시작점,
사슬뜨기 5코를 뜬다.

완성하기

① 몸통은 앞면을 둥글게 맞댄 후 마지막 단에서 10코【⊙】를 남기고
   ☆ 표 부분의 반 코를 주워 감침질로 잇는다(p.20 참고).
② 몸통과 머리는 채우기 실을 넣은 후 감침질로 잇는다(p.20 참고).
③ 눈을 스티치한다.
④ 부리와 날개는 같은 실로 정해진 위치에 꿰맨다.

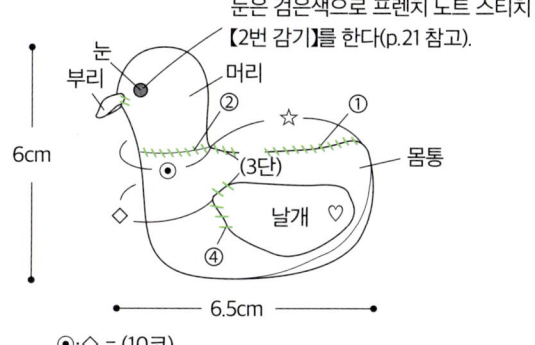

⊙·◇ = (10코)

94·95 오리 가족 미니어처 먼지 청소 인형(아기)

◈ **사용 실(색상 번호)** 하마나카 피콜로
94 연노란색(41)···5g, 겨자색(27)·검은색(20)···조금씩, 채우기 실···2g
95 진베이지(38)···4g, 흑갈색(17)···1g, 겨자색(27)·검은색(20)···조금씩, 채우기 실···2g

◈ **코바늘** 3호, 4호

◈ **완성 크기(가로×세로)** 5 × 4cm

부위별 배색 표

	94	95
머리	연노란색	진베이지 (1단만 흑갈색)
몸통	연노란색	진베이지
날개	연노란색	진베이지
부리	겨자색	겨자색

※ 부리는 3호, 그 외에는 4호 코바늘로 뜬다.

몸통

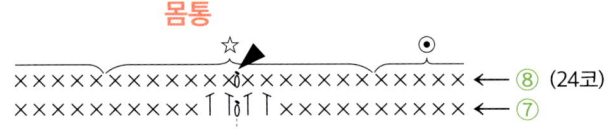

몸통 콧수

단수	콧수	콧수 증감
7·8	24	
6	24	−2
5	26	+2
4	24	
3	24	+8
2	16	+8
1	8	

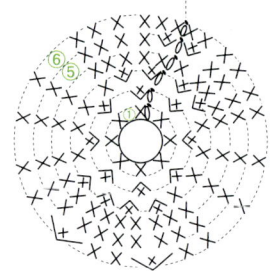

머리 콧수

단수	콧수	콧수 증감
5	10	−4
3·4	14	
2	14	+7
1	7	

머리

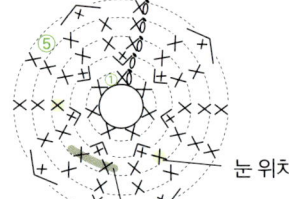

눈 위치
부리 연결하는 위치

부리

※ 3호 코바늘

바느질하는 위치

날개
(2장 만들기)

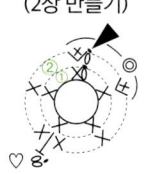

◎ = 몸통에 고정한다.

완성하기

눈은 검은색으로 프렌치 노트 스티치
【1번 감기】를 한다(p.21 참고).

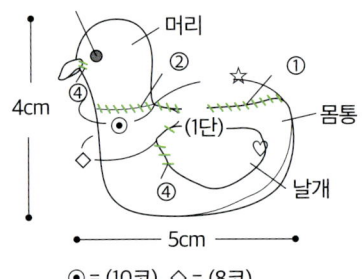

① 몸통은 앞면을 둥글게 맞댄 후 마지막 단에서
   10코【◉】를 남기고 ☆ 표 부분의 반 코를 주워 감침질로 잇는다(p.20 참고).
② 몸통과 머리는 채우기 실을 넣은 후 감침질로 잇는다【◉】(p.20 참고).
③ 눈을 스티치한다.
④ 부리와 날개는 같은 실로 정해진 위치에 꿰맨다.

◉ = (10코) ◇ = (8코)

96·97·98·99·100 손가락 인형 클리너

◆ **사용 실(색상 번호)** 하마나카 피콜로
96 흰색(1)…4g, 빨간색(6)·겨자색(27)…1g씩, 검은색(20)…조금, 채우기 실…1g
97 연두색(9)…2g, 레몬색(8)…1g 검은색(20)·군청색(36)·코럴핑크(44)…조금씩, 채우기 실…1g
98 빨간색(6)…3g, 흰색(1)…1g, 연두색(9)·검은색(20)·겨자색(27)·군청색(36)…조금씩, 채우기 실…1g
99 회색(33)…2g, 흰색(1)·검은색(20)…1g씩, 겨자색(27)…조금, 채우기 실…1g
100 연노란색(41)…3g, 노란색(42)…1g, 오렌지색(7)·코럴핑크(44)·검은색(20)…조금씩, 채우기 실…1g

◆ **코바늘** 3호, 4호

◆ **완성 크기(세로)** 7cm 또는 6cm

부위별 배색 표

	96	97	98	99	100
머리	흰색	레몬색	빨간색	검은색·흰색	노란색
몸통		연두색		회색	연노란색
날개			※도안 참고		
눈	검은색	검은색	검은색	검은색	검은색
부리	겨자색	코럴핑크	겨자색	겨자색	코럴핑크

※ 지정한 것 외에는 4호 코바늘로 뜬다.

몸통(공통)

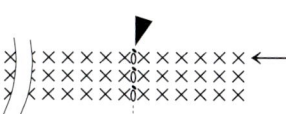

96·97·98·100 머리

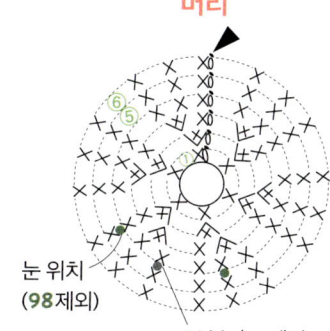

눈 위치 (98제외)

96부리 프렌치 노트 스트치하는 위치

머리 콧수

단수	콧수	콧수 증감
4~6	18	
3	18	+6
2	12	+6
1	6	

몸통 콧수

단수	콧수	콧수 증감
4~15	18	
3	18	+6
2	12	+6
1	6	

96 닭 ※3호 코바늘

부리 겨자색

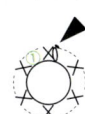

볏 빨간색(2장 만들기)

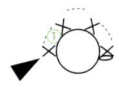

96 닭 / 100 왕관앵무 — 날개 (좌우 1장씩 만들기)

오른쪽 날개
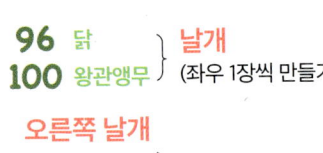
시작점, 사슬뜨기 4코를 뜬다.

왼쪽 날개
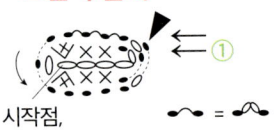
시작점, 사슬뜨기 4코를 뜬다.

97 사랑앵무 날개 (2장 만들기)

※ 마지막 단 코에 실을 통과해 오므린다(p.24 참고).

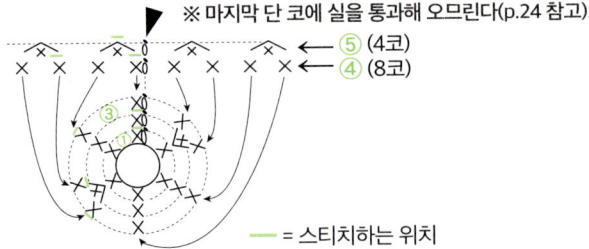

= 스티치하는 위치

97 사랑앵무 날개 콧수

단수	콧수	콧수 증감
5	4	−4
3·4	8	
2	8	+2
1	6	

98 앵무새

날개 (2장 만들기)
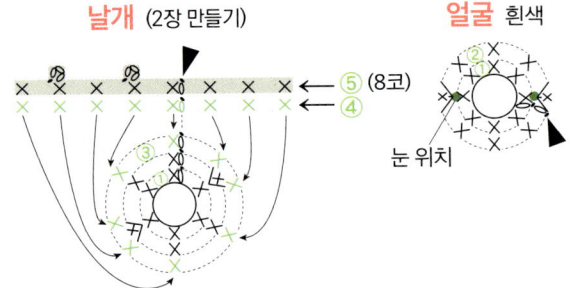

얼굴 흰색

눈 위치

98 앵무새 날개 콧수

단수	콧수	콧수 증감
3~5	8	
2	8	+2
1	6	

배색 ｛ × = 빨간색 / × = 연두색 / × = 군청색

※ 부위별 완성하기는 p.111를 참고한다.

99 펭귄

머리 / 날개 (2장 만들기) / 부리
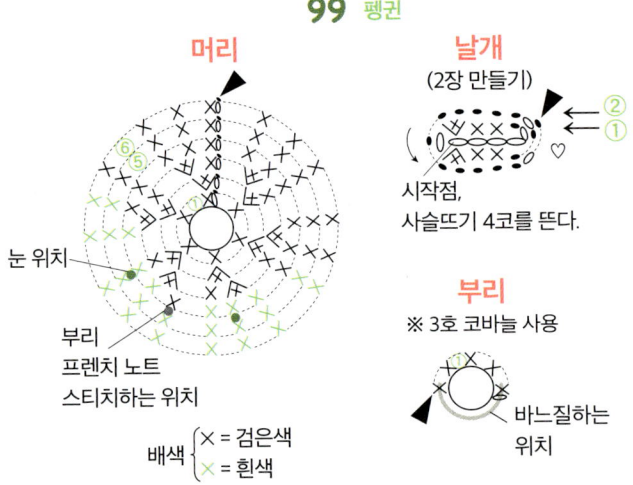

시작점, 사슬뜨기 4코를 뜬다.

눈 위치
부리 프렌치 노트 스티치하는 위치

부리
※ 3호 코바늘 사용
바느질하는 위치

배색 ｛ × = 검은색 / × = 흰색

※ 배색뜨기 실 바꾸는 법은 p.22 참고한다.

완성하기(공통)

① 머리에 채우기 실을 넣고 몸통의 3단과 4단 사이를 감침질로 잇는다(p.20 참고).
  ※ 몸통의 3단이 속으로 들어간다.
② 날개를 몸통에 연결한다.
③ 눈은 두 곳에 프렌치 노트 스티치【1번 감기】한다(p.21 참고).
④ 개별 도안을 참고해 각 부위를 연결한다.

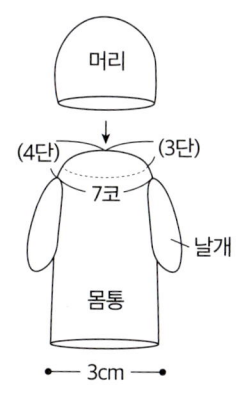

96 닭
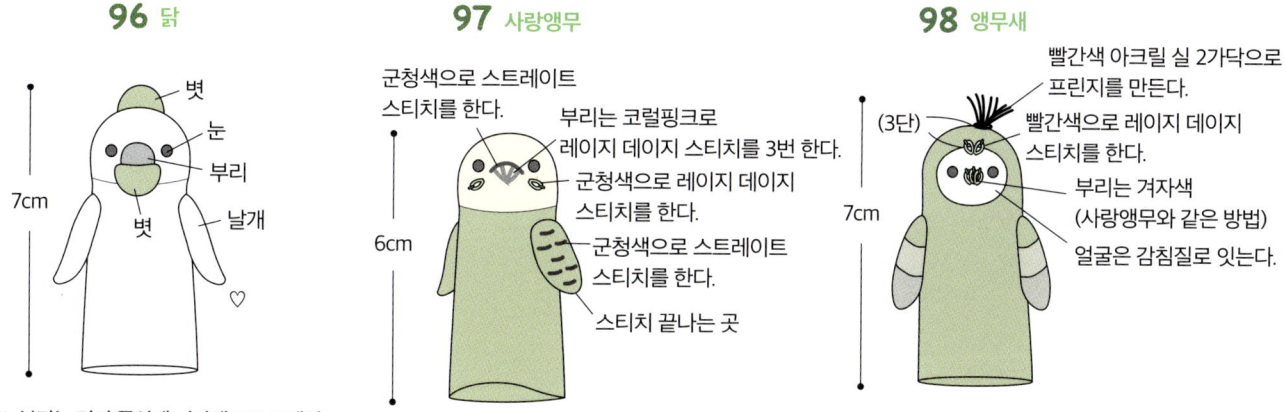
※ 부리는 먼저 중심에 겨자색으로 프렌치 노트 스티치【1번 감기】를 한 후에 연결한다.

97 사랑앵무
- 군청색으로 스트레이트 스티치를 한다.
- 부리는 코럴핑크로 레이지 데이지 스티치를 3번 한다.
- 군청색으로 레이지 데이지 스티치를 한다.
- 군청색으로 스트레이트 스티치를 한다.
- 스티치 끝나는 곳

98 앵무새
- 빨간색 아크릴 실 2가닥으로 프린지를 만든다.
- 빨간색으로 레이지 데이지 스티치를 한다.
- 부리는 겨자색 (사랑앵무와 같은 방법)
- 얼굴은 감침질로 잇는다.

99 펭귄
※ 부리는 닭과 같은 방법으로 만든다.

100 왕관앵무
- 노란색 아크릴 실 2가닥으로 프린지를 두 곳에 단다 (뜨개 시작점).
- 오렌지색으로 프렌치 노트 스티치【3번 감기】를 한다.
- 부리는 코럴핑크 ※ 사랑앵무와 같은 방법

프린지 다는 법
반으로 접은 고리 부분을 앞에서 뒤쪽으로 통과시킨 후 고리 사이에 실 끝을 넣어 조인다.
실 끝을 잘라서 정리한다.

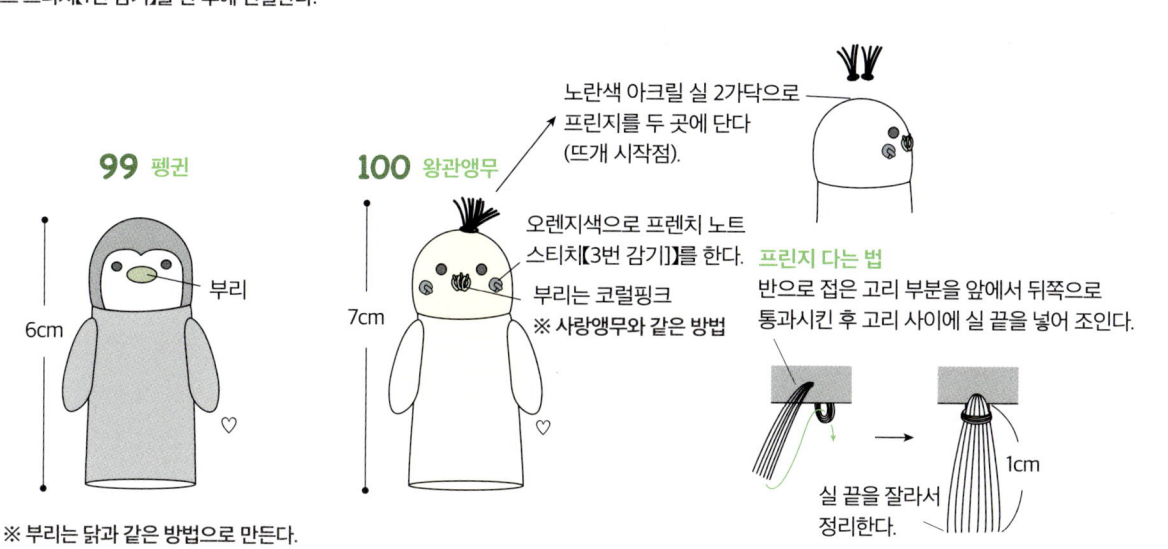

갖고 싶고 선물하기 좋은
버블버블 퐁퐁
손뜨개 수세미

펴낸날 초판 1쇄 2021년 4월 30일

지은이 애플민트
옮긴이 남가영

펴낸이 임호준
책임 편집 김유진 ｜ **편집** 박햇님 고영아 이상미
디자인 정윤경 ｜ **마케팅** 정영주 길보민
경영지원 나은혜 박석호 ｜ **IT 운영팀** 표형원 이용직 김준홍 권지선

외부 스태프 이재원 orange_7962@naver.com(본문·표지 디자인)
인쇄 ㈜웰컴피앤피

펴낸곳 비타북스 ｜ **발행처** ㈜헬스조선 ｜ **출판등록** 제2-4324호 2006년 1월 12일
주소 서울특별시 중구 세종대로 21길 30 ｜ **전화** (02) 724-7633 ｜ **팩스** (02) 722-9339
포스트 post.naver.com/vita_books ｜ **블로그** blog.naver.com/vita_books ｜ **인스타그램** @vitabooks_official

© applemints, 2021

이 책은 저작권법에 따라 보호를 받는 저작물이므로 무단 전재와 무단 복제를 금지하며,
이 책 내용의 전부 또는 일부를 이용하려면 반드시 저작권자와 ㈜헬스조선의 서면 동의를 받아야 합니다.
책값은 뒤표지에 있습니다. 잘못된 책은 바꾸어 드립니다.
ISBN 979-11-5846-352-6 13630

> 비타북스는 독자 여러분의 책에 대한 아이디어와 원고 투고를 기다리고 있습니다.
> 책 출간을 원하시는 분은 이메일 vbook@chosun.com으로 간단한 개요와 취지, 연락처 등을 보내주세요.

비타북스 는 건강한 몸과 아름다운 삶을 생각하는 ㈜헬스조선의 출판 브랜드입니다.